© 2003
José Flávio Pessoa de Barros

Produção Editorial
Pallas Editora

Revisão
José Ribeiro
Martha Dias

Projeto Gráfico
Leonardo Carvalho

Ilutrações
Pedro Rafael

Todos os direitos reservados à Pallas Editora e Distribuidora Ltda.
É vetada a reprodução por qualquer meio mecânico, eletrônico, xerográfico etc., sem a permissão por escrito da editora, de parte ou totalidade do material escrito.

CIP-BRASIL. CATALOGAÇÃO-NA-FONTE.
SINDICATO NACIONAL DOS EDITORES DE LIVROS, RJ.

B278n Barros, José Flávio Pessoa de.
        Na minha casa: preces aos orixás e ancestrais / José Flávio Pessoa de Barros. — Rio de Janeiro : Pallas, 2010.

    il.;
    Inclui bibliografia.
    ISBN 978-85-347-0352-9

    1. Candomblé. 2. Oração. I. Título.

03-2127
                                    CDD 299.97
                                    CDU 299.6.213

Pallas Editora e Distribuidora Ltda.
Rua Frederico de Albuquerque, 56 - Higienópolis
CEP 21050-840 - Rio de Janeiro - RJ
Tel./fax: (021) 2270-0186
www.pallaseditora.com.br
pallas@alternex.com.br

NA MINHA CASA...

Preces aos orixás e ancestrais

José Flávio Pessoa de Barros

Rio de Janeiro

AGRADECIMENTOS

AGRADECIMENTOS

É um privilégio contar com:

A companhia da esposa, sempre acalentadora, que estimula sem restrições o trabalho cotidiano da pesquisa.

O entusiasmo de sacerdotes que tão gentilmente lembraram das preces e orações dirigidas aos Orixás e ancestrais.

A palavra dos amigos que nos faz prosseguir por caminhos às vezes árduos.

NA MINHA CASA

O carinho de alguns leitores que antecipadamente leram os originais e emitiram opiniões sempre consideradas, como Telma, Beth, Luiz Eduardo e Artur.

O auxílio sempre presente da minha instituição – UERJ.

José Flávio Pessoa de Barros

SUMÁRIO

Apresentação 9

Prólogo 15

Espaço e Memória 23

Prece – Um Diálogo com os Deuses 43

Tipologia 55

Glossário 109

Índice Explicativo das Ilustrações 127

Referências Bibliográficas 130

Notas 142

APRESENTAÇÃO

APRESENTAÇÃO

José Flávio Pessoa de Barros é um nome bastante conhecido pelos interessados na cultura afro-brasileira, para cujo estudo suas obras representam um grande marco. Além do importante trabalho publicado sob o título de *Galinha d'Angola*, seu currículo de autor conta com outros títulos de destaque, entre os quais a Pallas Editora está reeditando *O Segredo das Folhas* edição revista com o novo título de *A Floresta Sagrada de Ossaim*, uma detalhada pesquisa acerca do uso ritual das plantas no candomblé; e dois livros que falam sobre a música sacra dessa religião, *Olubajé* e *A Fogueira de Xangô*.

NA MINHA CASA

A obra de José Flávio caracteriza-se por combinar o rigor metodológico necessário ao bom pesquisador etnográfico, com uma linguagem simples e clara que torna seu texto acessível não apenas a outros cientistas sociais, mas a todos os membros da religião e aos leigos interessados no assunto. Além disso, o autor não se limita a desenvolver discussões abstratas sobre os temas que aborda, mas utiliza com habilidade a teoria como instrumento para apresentar seu objeto de estudo de maneira organizada e com riqueza de detalhes.

Desta forma, os textos de José Flávio são valiosos, tanto como contribuição para a elaboração conceitual acerca da cultura brasileira de origem africana, quanto como fonte riquíssima de dados sobre os múltiplos aspectos da mesma.

O livro que ora publicamos não foge a essa regra. Enquadrando-se no conjunto da obra do autor, caracteriza-se por sua típica combinação de simplicidade e rigor acadêmico ao estudar um tema dos mais importantes para a religião, que é a oração.

O primeiro aspecto que nos salta à vista nesta obra é o fato de que, ao estudar a oração do candomblé utilizando as mesmas categorias adotadas para o estudo das grandes religiões reveladas, José Flávio rejeita a visão folclórica habitualmente aplicada a esse objeto e reivindica

APRESENTAÇÃO

para as religiões das camadas dominadas da população status equivalente ao das religiões oficiais.

A oração, como parcela do universo religioso, é conceituada pelo autor como um dos aspectos do patrimônio não-material das sociedades humanas, junto com a linguagem, as crenças e as criações artísticas e intelectuais. Ao preservar em seu texto os mitos de um grupo, a oração garante a preservação da sua história e a recriação permanente dos laços entre cada indivíduo e a totalidade, por meio da sua recitação ritual e da sua transmissão às novas gerações. Assim, a oração realiza a função primordial da religião, expressa em seu próprio nome, originário de *religare*, re-unir.

Seguindo essa linha de raciocínio, José Flávio discute a função da oração no candomblé como forma de reverência aos orixás e de aproximação da natureza, cujas forças esses deuses encarnam, e como meio de 'religar' o indivíduo aos deuses que governam seu destino.

Tendo tomado como objeto de estudo o universo religioso jeje-nagô, o autor ressalta o papel da oração nesse contexto como instrumento de preservação da memória e da identidade dos povos escravizados, através da reconstrução da religião original em seu país de desterro. Nesta discussão surge o significado do nome escolhido para a obra – *Na Minha Casa* – , que é uma denominação usada no candomblé para o templo religioso. Mais do que indicar somente um espaço sagrado como outro qualquer, essa expressão desvenda a função específica do templo na religião dos africanos dispersos na diáspora: tendo perdido seus laços familiares e sociais, rompidos pela guerra e pela escravidão, os desterrados reconstruíram essas ligações por meio das conexões míticas, transformando os companheiros de religião em irmãos e genitores "no santo" e o espaço sagrado em novo lar para o indivíduo renascido por intermédio da iniciação religiosa.

José Flávio chama a atenção para o fato de que, embora tenha uma raiz africana, essa religião, organizada na nova pátria, é essencialmente brasileira, tendo agora a participação do conjunto da população do país, que se integra à família do candomblé. Assim, as referências ao quotidiano africano tornam-se simbólicas, o que transparece no fato de que a língua ritual não é o iorubá atualmente falado na Nigéria, mas o falar dos escravos, hoje arcaico, conservado quase intocado como linguagem litúrgica e iniciática.

Ao descrever a estrutura da casa de culto do candomblé, o autor apresenta a orquestra sagrada, permitindo-nos sentir sua importância para uma religião na qual a prece muitas vezes é também um cântico e uma

APRESENTAÇÃO

dança, com nuances infinitas de ritmo e gesto que expressam as múltiplas faces da divindade, suas variações de humor e as diferentes fases de seu mito.

Descrevendo o ritual de oração no candomblé, José Flávio desvenda sua origem na importância simbólica da palavra para a religião iorubá, que não concebe o silêncio como forma de contato com os deuses. Neste sentido, a prece, no candomblé, é um acompanhamento de todas as atividades sagradas.

Depois o autor passa a apresentar os vários tipos em que as orações podem ser divididas, de acordo com o seu objetivo. Da louvação aos orixás, às preces fúnebres, as várias modalidades de 'rezas' são descritas e comentadas de modo claro e objetivo, propiciando uma visão ampla do modo como essa prática se insere no conjunto do ritual do candomblé.

Mais do que uma exposição fria do tema, entretanto, o que o autor nos proporciona nesse momento é uma viagem pelo mundo dos orixás pois, para facilitar a discussão, recorre a exemplos que enriquecem grandemente o material. A cada passo encontramos o encanto de uma prece transcrita em iorubá, que quase podemos escutar com os ouvidos da imaginação, sendo cantada ao som dos atabaques. Logo a seguir, aprendemos o significado do texto e descobrimos por que essa oração é feita a esse orixá em particular, ao lermos acerca de detalhes de seu mito.

Em resumo, *Na Minha Casa* é um passeio às velhas cidades ancestrais africanas, um encontro com os deuses e um aprendizado da linguagem sagrada com que a religião estabelece uma ponte entre o mundo comum e a eternidade.

Cristina Fernandes Warth
Editora

PRÓLOGO

PRÓLOGO

Trata o presente trabalho do estudo das preces, pela relevância encontrada por esse peculiar sistema de comunicação nas comunidades-terreiro. Entretanto, não se constitui em singularidade a importância destinada a este elo entre homens e deuses, entre os *nagôs*. Segundo Brinton (1940 : 103), os maoris, em sua primeira migração à Nova Zelândia, "não trouxeram eles consigo seus velhos deuses, mas apenas suas potentes orações, em virtude das quais estavam certos de amoldar a vontade dos deuses a seus desejos".

NA MINHA CASA

As preces, para os maoris, de acordo com o mesmo autor, conteriam todas as informações que possibilitariam a reconstrução tanto dos objetos como das práticas rituais, auxiliando na reelaboração da perspectiva religiosa como um todo, pois estariam guardados em seus textos os nomes que permitiriam reconstruir o mundo.

Guardar na memória o nome de deuses, homens, lugares e objetos seria manter integralmente a visão de mundo e a fabricação de todos os artefatos que relacionariam homens e deuses. "O nome não é nunca um mero símbolo, sendo parte da personalidade de seu portador; é uma propriedade que deve ser resguardada com o maior cuidado e cujo uso exclusivo deve ser ciosamente reservado" (Cassirer, 1992 : 68).

A memória dos grupos humanos tornou-se um aspecto de preocupação de muitos pesquisadores. Nos últimos anos, surgiram inúmeros conceitos que puderam ser aplicados em variados contextos históricos. É pela memória que os grupamentos humanos guardam seu patrimônio material ou imaterial; línguas, crenças, artes e tradições populares; e ainda sua criação artística ou intelectual. Nora (1994 : 190) afirma que é em países que

PRÓLOGO

sofreram experiência histórica traumática, que a memória ocupa um espaço e uma importância especial.

Entre os *nagôs*, o traumatismo da escravidão possibilitou a formação de núcleos de resistência à sociedade escravocrata. A reconstrução de uma África mítica, através da perspectiva religiosa, originou um estilo singular de vida. A memória coletiva reconstruiu uma liturgia em que a prece talvez tenha sido o momento mais dramático. Nela eram evocados os lugares, os objetos e os nomes sagrados que possibilitaram a reconstrução de seu mundo social.

Cunha (1986 : 99) informa que "a cultura original de um grupo étnico, na diáspora ou em situações de intenso contato, não se perde ou se funde simplesmente, mas adquire uma nova função, essencial e que se acresce às outras enquanto se torna cultura de contraste... A cultura tende ao mesmo tempo a se acentuar, tornando-se mais visível, e a se simplificar e enrijecer, reduzindo-se a um número menor de traços que se tornam diacríticos".

O Candomblé, do nosso ponto de vista, é o resultado da reelaboração de diversas culturas africanas, produto de algumas afiliações, existindo, portanto, vários

NA MINHA CASA

Candomblés (Angola, Congo, Efan etc.). O descrito neste texto provém principalmente das culturas de língua *Iorubá*[1] *e Fon / Ewe*, originárias das regiões da África correspondentes aos atuais Nigéria e Benim. Fruto da síntese decorrente do encontro entre estas etnias e o processo histórico brasileiro, o Candomblé *Jêje-Nagô*[2] marca em seus ritos e cânticos uma memória ancestral transmitida oralmente, métodos específicos de iniciação e uma visão de mundo que permite a seus participantes um estilo de vida singular.

Trata-se, portanto, de uma religião de matriz africana, mas especificamente brasileira, da qual podem participar pessoas de todas as origens e cores.

O método utilizado é o da observação participante, enriquecida por uma experiência partilhada em longos anos de convivência e empatia. Devereux (1967 : 176) afirma que: "... Eros anima não somente o amor e a sexualidade, mas também a amizade, a ternura e a criatividade científica".

A língua utilizada nos rituais é um *iorubá* antigo, litúrgico, mantido nas preces e cânticos de louvores a *orixás* e ancestrais. A manutenção desses

PRÓLOGO

textos permitiu uma reflexão sobre a visão de mundo das comunidades *nagô*. Os praticantes conhecem o sentido dos cantos, a forma com que as preces são proferidas, porém não necessariamente o conteúdo de cada palavra.

Os cantos litúrgicos constituíram-se em importantes fontes na compreensão dos rituais, parte deles foi pesquisada na bibliografia existente e outros registrados diretamente nas cerimônias. Estes últimos foram regravados sem acompanhamento musical, por especialistas religiosos, depois transcritos em *iorubá* e analisados por lingüista conhecedor deste idioma.

As palavras de origem africana foram grafadas em português, e destacadas em negrito e itálico, e os cantos em sua forma original em *iorubá*. Um glossário foi elaborado para melhor compreensão dos vocábulos, inserindo novas informações que podem constituir-se em aprofundamento de determinadas questões que o texto pode sugerir.

A etnografia segue o proposto por V. Turner (1971 : 76), que utiliza três níveis para capturar o significado (símbolo) dos rituais: a exegese – o que se diz dele; o operatório – a descrição exaustiva do ritual; o posicional – a relação entre as possíveis instâncias dentro das quais ele (símbolo) se desenvolve.

No texto, os três níveis se interpenetram para melhor compreensão: as palavras ou frases entre aspas correspondem às informações ou comentários litúrgicos dos adeptos, assim como às indicações bibliográficas. As narrativas míticas também fazem parte do nível exegético. A descrição do ritual, incluindo-se aí os cânticos, pertence ao nível operatório. O posicional são as considerações, análises do pesquisador tanto dos dois níveis anteriores como das possíveis relações existentes entre as comunidades e a sociedade nacional.

As histórias do povo-de-santo, mitos e ritos foram auxiliares importantes na elucidação dos problemas etnográficos, pois é tão instrutivo o que os homens dizem de seus símbolos quanto o que fazem com eles. Lévi-Strauss (1980 : 141) reconhece que o rito pode, juntamente com outras interações simbólicas, ser o "lugar dos pontos eqüidistantes entre o puro sensível e o puro inteligível". Na verdade, a constelação de símbolos que o Candomblé exibe, obriga um esforço notável aos

PRÓLOGO

que se aventuram na tarefa de sua interpretação. As rebuscadas estratégias de manutenção de um *ethos* e a luta pela inserção social, complicada em uma sociedade hierárquica, são também reflexões instigadoras que as cerimônias religiosas podem impor aos que pretendem decodificar a sociedade brasileira.

As ilustrações, singelas e de rara beleza, dão vida e colorido ao texto. Os cânticos litúrgicos apresentados são considerados, neste momento, como versões introdutórias e provisórias. Representam uma parcela pequena diante da amplitude e diversidade do repertório religioso. Recursos que, em seu conjunto, possibilitam ao leitor vivenciar a emoção e o clima espetacular que o Candomblé propicia aos que o assistem.

1
ESPAÇO E MEMÓRIA

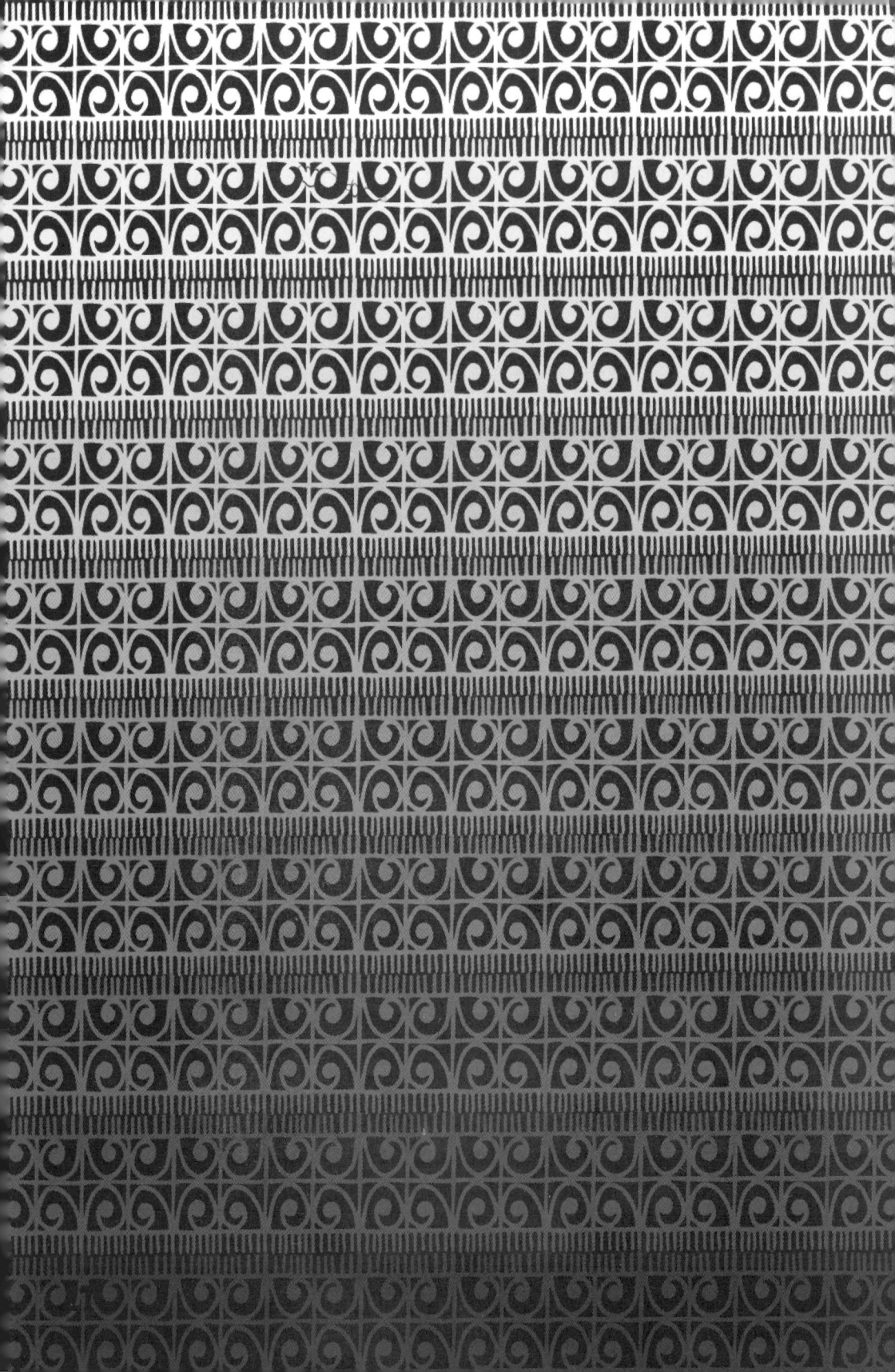

ESPAÇO E MEMÓRIA

ESPAÇO E MEMÓRIA

O termo "Na minha casa..." é uma metáfora que guarda múltiplas acepções para o conjunto de pessoas, de adeptos, dos que crêem nos *orixás*[3]. Múltiplos deuses que a diáspora[4] negra trouxe para o Brasil. Refere-se ao espaço onde as comunidades edificaram seus templos, referência de orgulho, aludindo ao patrimônio cultural de matriz africana, reelaborado em novo território.

ESPAÇO E MEMÓRIA

O espaço é fundamental na constituição da história de um povo. Halbwachs (1941 : 85) ao afirmar que "não há memória coletiva que não se desenvolva em um quadro espacial", aponta para a importância de aspecto tão significativo no desenvolvimento da vida social.

Lugar para onde está voltada a memória, onde aqueles que viveram a condição-limite de escravo podiam pensar-se como seres humanos, exercer essa humanidade, e encontrar os elementos que lhes conferiam e garantiam uma identidade religiosa diferenciada, com características próprias, que constituiu um "patrimônio simbólico do negro brasileiro (a memória cultural da África), afirmou-se aqui como território político-mítico-religioso, para sua transmissão e preservação" (Sodré, 1988 : 50).

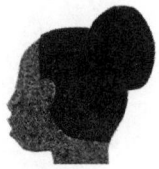

A ligação com as origens reunia o que o tráfico dispersara. O próprio termo *religare* origina a palavra religião, e foi por meio dela que se constituíram as primeiras

casas-de-santo ou de Candomblé, como lugar onde a diferença poderia ser exercida pela comunhão entre deuses e ancestrais.

As múltiplas acepções relacionadas à questão espacial, utilizadas pelos *iorubás* e seus descendentes, genericamente conhecidos no Brasil como *nagôs*, ressaltam a importância conferida à fundação dos terreiros.

O termo "casa" ou *"ilê"* é usado no cotidiano daqueles que professam a fé nos *orixás*, para designar o lugar onde habita a família, isto é, o domicílio, pois, muitas vezes, o Terreiro pode ser o lugar de moradia fixa. Alude, também, ao *Ilê Orixá*, isto é, às diversas construções que abrigam os objetos simbólicos (assentamentos[5]) de cada um dos *orixás* que compõem o conjunto denominado Terreiro, Roça, Candomblé ou Casa-de-Santo. Na África, possui também a acepção de cidade. No novo contexto, *"Ilê"* possui ainda o sentido de comunidade, relacionando as diversas casas de uma mesma origem, ou seja, pertencentes a uma mesma tradição cultural, "nação[6]". E, em sua utilização mais abrangente, como *"Ilê Aiê"*, indica a noção de humanidade, lugar onde habitam os seres humanos, o povo da Terra, em oposição a *"Ilê Orum"*, local onde vivem os *orixás* e ancestrais.

Esta última concepção está relacionada ao território original ocupado pelos *nagôs*, que habitavam, no início do século XVIII, o Golfo da Guiné, na África ocidental, em uma extensão que correspondia ao atual estado da Nigéria, passando pelo *Benim* e alcançando parte do Togo. Possuíam várias cidades-estado com administrações independentes e relacionadas umas às outras por alianças políticas. Cada cidade, além disso, possuía um culto específico a um *orixá*, por vezes ancestre.

No Brasil, esta organização reflete-se na relação espacial dos terreiros, onde as casas-dos-*orixás* corresponderiam idealmente às antigas cidades, e, ao nível ideológico, constituiu-se em um processo de síntese que orientou a liturgia das comunidades. As tradições culturais, reconhecidamente ditas *nagô*, são, por vezes, diferenciadas por nomes que aludem a estas origens, como *Ketu*, *Ifom*, *Ijexá*, *Oió*, etc.

Esta última denominação refere-se ao antigo reino de *Oió*, do qual *Xangô* foi um *Alafim* (rei) e iniciador de uma extensa dinastia. A destruição desse reino acarretou a vinda expressiva dos integrantes dessa etnia para o recôncavo baiano, através da diáspora. O mesmo aconteceu com a antiga cidade de *Ketu*, que cultuava *Oxóssi*, também destruída, tendo o mesmo destino que a anterior, quase à mesma época.

A casa, portanto, é o lugar da memória, das origens e das tradições, onde, além de se preservar uma língua ancestral[7], na qual são entoados os cantos e as louvações, se celebra a vida de uma maneira muito particular, isto é, daqueles que decidiram, juntos, vivenciar uma visão de mundo comum, com regras específicas de convivência, baseadas no parentesco mítico, no princípio de senioridade e na iniciação religiosa.

Os deuses cultuados, assim como os ancestrais, são de origem africana e denominados genericamente de *orixás*. Na África, entretanto, essas divindades estavam ligadas à família, cidade ou região, o que promovia a caracterização de cultos grupais e regionais, ou mais raramente, de cultos de caráter nacional. No Brasil, a diáspora negra impõe um novo arranjo tanto territorial quanto ideológico à adoração dos *orixás*, "cada um deve assegurar pessoalmente as minuciosas exigências do Orixá, tendo, porém, a possibilidade de encontrar num Terreiro de Candomblé um meio onde inserir-se e um pai ou mãe-de-santo competente capaz de guiá-lo e ajudá-lo a cumprir corretamente suas obrigações em relação ao seu Orixá (...). Existem, em cada Terreiro de Candomblé, múltiplos Orixás pessoais, símbolo do agrupamento do que foi dispersado pelo tráfico." (Verger, 1997 : 33)

Os *nagôs* "foram introduzidos maciçamente no Nordeste brasileiro no final do século XVIII e início do século XIX" (Pessoa de Barros, 1999(a) : 23). A presença de africanos de uma mesma origem, no meio urbano, possibilitou uma resistência maior ao colonizador, como também originou associações ligadas à preservação de sua cultura. Seu idioma tornou-se, à época, uma espécie de língua geral de escravos de diversas etnias. Essas línguas africanas foram proibidas pelo colonizador, pois constituíam-se em instrumento importante na luta contra o regime escravocrata. Possibilitou também uma organização político-religiosa, isto é, a formação de templos que talvez tenham sido uma das mais importantes formas de luta e resistência.

Essa memória da África, livre da condição imposta pela escravidão, constituiu-se em uma memória subterrânea que, prosseguindo no seu trabalho de subversão, no silêncio e de maneira quase imperceptível, aflorava, por vezes exacerbadamente, em momentos de crise, opondo-se à memória oficial (Pollak, 1989 : 4). Essas comunidades religiosas foram apontadas como um centro de fermentação para sublevações e rebelião social[8] por Nina Rodrigues (1977 : 41-48).

As lembranças de "locais muito longínquos, fora do espaço-tempo da vida de uma pessoa, podem constituir lugar importante para a memória do grupo... pode fazer parte da herança da família, com tanta força que se transforma praticamente em sentimento de pertencimento" (Pollak, 1992 : 202), fornecendo os elementos para a constituição de uma nova identidade. Mesmo os descendentes, aqueles que não vivenciaram a África, participavam dessa relação com as origens, nas quais as lembranças dos mais velhos transformaram-se em alavancas contra a opressão e o instrumento de luta.

No início do século XIX já encontramos registros históricos da constituição das primeiras comunidades-terreiro na cidade de Salvador. A Casa-Branca ou *Ilê Iá*

NA MINHA CASA

Naso é apontada por muitos estudiosos como o primeiro Candomblé. Neste sentido, Carneiro (1978 : 56) remonta a data de sua fundação ao ano de 1830.

Adeptos desse Candomblé relatam que a sua Casa teria sido "fundada por três mulheres chamadas Iá Adetá, Iá Kala e Iá Naso". Contam também que seriam provenientes de *Ketu*, cidade hoje localizada no *Benim*, África, e que o nome *Iá Naso*, correspondia a um título altamente honorífico na corte do *Alafim* (rei) de *Oió*, do reino de mesmo nome, situado na atual Nigéria. Este título lhe conferia a prerrogativa de ser a principal sacerdotisa de *Xangô* em terras africanas, fato que se estendeu até o Brasil com a diáspora.

Dessa Casa inicial surgiram outras comunidades de origem *nagô*, que alguns autores preferem designar como *jêje-nagô*, pela dupla influência étnica sofrida na formação desse complexo cultural religioso. Da Bahia, através de migrações, atingiram vários estados da Federação.

As comunidades de candomblé, de maneira geral, possuem dois espaços: um, o urbano, que compreende as construções destinadas às atividades rituais e de moradia; e o outro, o mato[9], onde são coletadas as espécies vegetais essenciais ao culto das divindades – forças da natureza – e onde se encontram também determinadas árvores, que são objeto de culto específico. (Pessoa de Barros, 1993(a) : 35)

A repressão policial, sem dúvida, fez com que as casas de candomblé fossem empurradas para locais afastados ou periféricos, nos quais o tocar dos atabaques e o ruído dos cânticos e das práticas religiosas não ofendessem e nem incomodassem os sensíveis ouvidos e olhos da elite social baiana da época.

Tal situação repetiu-se na cidade do Rio de Janeiro. Primeiramente, as casas-de-santo agruparam-se em torno do centro da cidade, nas áreas da Praça XV e da Saúde, de acordo com as crônicas de João do Rio, sobre o ambiente religioso da capital federal nas primeiras décadas do século XX. Segundo aquele autor, o mais famoso terreiro era o de Tia Ciata, cujo prestígio facilitava a concessão de permissão policial para a realização de cerimônias religiosas, assim como para os encontros de samba. No entanto, o relacionamento que ela mantinha com as importantes figuras políticas da antiga capital do Brasil não impediu o deslocamento de seu grupo e de muitos outros candomblés. O projeto modernizador da cidade, implementado a partir dos anos iniciais do século XX (Carvalho, 1988 : 96-99), obrigou o translado de várias comunidades para locais então periféricos como Madureira, Coelho da Rocha e outras localidades da Baixada Fluminense[10].

Uma vez que o processo de constituição e implementação dos terreiros de candomblé supõe, ao mesmo tempo, a urbe – espaço construído – e a floresta – espaço-mato –, o deslocamento imposto, se trouxe algumas dificuldades e problemas, também favoreceu o estreito relacionamento dessas duas dimensões tão importantes no imaginário religioso do povo-de-santo. O espaço-mato, tornando-se mais evidente e próximo, reforçou os laços entre o homem e a natureza, ao mesmo tempo em que circunscrevia o grupo religioso e o protegia da curiosidade de não-adeptos. Acresce o fato que as perseguições policiais e o agravamento das discriminações sociorreligiosas deram ensejo ao fortalecimento do sentimento grupal e à demarcação de espaços distintos.

Os templos, embora inseridos no cenário arquitetônico urbano-periférico, podiam ser distinguidos – e ainda o são – por meio da presença de sinais diacríticos como a bandeira de tempo (mastro fincado no solo, na entrada do terreno, onde tremula uma bandeira branca) e as quartinhas (potes de barro), colocadas sobre os muros, telhados e soleira dos portões dos terreiros. A bandeira branca anuncia a presença da comunidade e está relacionada aos *orixás* originais, e as quartinhas guardam a água lustral com que os visitantes, antes de penetrar no templo, executam um rito de purificação, deixando atrás de si o mundo profano, cheio de perigos e incertezas.

As construções que formam o conjunto arquitetônico das casas-de-santo, ditas de origem *nagô*, apresentam uma configuração espacial muito semelhante entre si. Algumas edificações são destinadas aos que residem neste local, e, geralmente, uma delas é moradia fixa do sacerdote ou sacerdotisa. Outras, denominadas casa-dos-*orixás*, ou *ilê orixá*, abrigam os objetos sagrados dos iniciados e os ancestrais coletivos da comunidade. Organizam-se segundo uma lógica relacionada aos mitos de criação, e numa ordem que, iniciando-se junto à entrada principal, onde encontra-se a casa de *Exu* e, em seguida, as de *Ogum*, *Oxóssi* e *Obaluaiê*. Se a comunidade é originada da Casa Branca, *Ilê Ia Nasô*, encontramos a casa de *Xangô-Airá*, localizada entre a de *Oxóssi* e a de *Obaluaiê*. Algumas vezes, separando as casas-de-santo, existem canteiros onde, além de flores, estão plantadas as ervas sagradas, vez por outra, árvores exercem essa mesma divisão.

NA MINHA CASA

Outros locais podem estar contidos nesse conjunto arquitetônico, como a casa-dos-*eguns* – *Ilê Ibo Akú*, relacionada ao culto dos ancestrais da comunidade, os *essa*. Geralmente encontram-se em espaços mais abrigados da curiosidade como também, às vezes, cercada por um tipo de vegetação que, além de proteger, é plena de figuração simbólica, isto é, uma cerca de *peregum* (*dracaena fragans*).

Dependendo do tamanho do espaço físico da comunidade, podem estar incluídos em seu conjunto, uma representação simbólica da floresta, ou mata, tão significativa na visão de mundo *nagô*. Um dito exemplifica essa relação tão íntima com os vegetais – *Kosi Ewé, Kosi Òrìsà* – ou seja, sem folha não há *orixá*. Este espaço-mato, onde são plantadas ou simplesmente medram as ervas, é cercado de cuidados e visitado com freqüência. De lá saem as plantas utilizadas nos banhos, beberagens e infusões que irão possibilitar, além da saúde física, a pureza ritual necessária.

Nesse mesmo lugar, representação da floresta mítica, podem ser vistas as grandes árvores, moradas dos deuses e espíritos que protegem, dão frutos e sombra à comunidade. São distinguidas pelos *ojás*, laços, que envolvem seus troncos durante as festas anuais. Em suas raízes são encontradas, muitas vezes, as quartinhas e tigelas de barro onde são colocadas oferendas destinadas aos deuses que nelas habitam.

ESPAÇO E MEMÓRIA

Uma outra construção, denominada barracão, é destinada às festas públicas e, em seu interior, além do espaço destinado à orquestra ritual, podem estar também associados ao seu conjunto, a casa ou quarto de *Oxalá*, de *Xangô* e a camarinha[11] ou *axé* [12], local onde ocorre a reclusão iniciática.

No barracão, em suas laterais, encontram-se os bancos e cadeiras destinados à assistência. Estas últimas podem também definir quem nelas poderá sentar-se. As mais simples, porém belas, serão destinadas aos visitantes especiais de outras comunidades, outras, porém, de lavra mais rebuscada e alegórica, serão reservadas aos mais ilustres convidados, os *orixás*. Estas últimas geralmente estão colocadas em volta do poste central[13] e, na ausência deste, próximas à orquestra ritual.

A orquestra ritual ocupa um lugar especial, destinado a ela por sua importância no barracão. Encontra-se, geralmente, separada do espaço destinado às danças e à assistência, por pequenas muretas ou, mais raramente, por cordas. É, particularmente, um espaço sagrado, pelo som divino que produz. Esta excelência é reconhecida pelos visitantes, quando chegam, e por *orixás* e iniciados, em muitos momentos do *xirê*[14].

NA MINHA CASA

A orquestra é comandada por um especialista – o *alabê*, um título honorífico dos mais respeitados nas comunidades religiosas. Cabe a ele, além da função de entoar os cânticos e iniciar no aprendizado litúrgico os que ainda encontram-se em formação, zelar pelos instrumentos musicais, conservar sua afinação, e providenciar as cerimônias de consagração daqueles que, produzindo os sons da música, estabelecem a relação entre os homens e as divindades. Os instrumentos musicais recebem, por isso, carinho e consideração especial. Somente os iniciados no ofício podem neles tocar. O imenso repertório litúrgico tem de ser conhecido e memorizado, e o virtuoso músico das coisas sagradas somente é considerado quando publicamente expõe a sua arte, que será avaliada por conhecedores muito exigentes da liturgia *nagô*. A beleza da voz, a inflexão correta das palavras e a precisão melódica são fatores que podem consagrar e garantir o título de *alabê* ou *iatabaxé*, respectivamente o cantor ou a cantora dos sons que produzem *axé*.

Cuidado especial é dedicado a afinação dos atabaques. Os *alabês* somente começam a execução musical depois de estarem certos do devido som que eles são capazes de distinguir. Um destes especialistas dizia: "Os atabaques falam não somente com os deuses mas com os homens também", provavelmente referia-se a função da comunicação que os tambores tiveram no passado, como tambores falantes, anunciando as revoltas e as festividades numa linguagem talvez esquecida. Não podemos ignorar que o *iorubá* é uma língua tonal, em que a pronuncia exata é importante, e o tom correto, fundamental.

Nas comunidades, a orquestra ritual é composta por instrumentos de percussão, três tambores denominados atabaques; e também do *agogô* e *gã*, campânulas de ferro percutidas por baquetas de metal. Estes últimos podem acompanhar também as preces, porém, o instrumento musical, também percursivo, utilizado nessas ocasiões é o *adjarim*[15], enquanto os tambores estariam relacionados especialmente à música dos festivais públicos.

No barracão, as entradas e portas são protegidas pelas folhas desfiadas do dendezeiro e dedicadas a *Ogum*, o *orixá* dos caminhos e dos cruzamentos. No seu chão, nos dias de festa, são espalhadas folhas cujo odor, além de lembrar as florestas, geralmente indicam a sua proveniência[16]. O seu teto, quase sempre é forrado com bandeirinhas, cujas cores geralmente são associadas ao *orixá* festejado, portanto, são renovadas de acordo com o calendário litúrgico.

É um lugar público, permitido aos visitantes e, algumas vezes, ocupado também por rituais profanos[17]. Os *Ilê Orixá* e as casas de moradia, no entanto, não possuem este caráter, pois nestes locais encontram-se ou a família ou os objetos sagrados, de uso restrito portanto.

É o lugar do júbilo, da dança, do canto, da música e do encontro entre homens e deuses. Serve de recepção aos visitantes e, algumas vezes, após o cansaço da festa ou do esforço coletivo dos trabalhos rituais, como o lugar do sono e do sonho com os *orixás*. Sua sacralidade, imposta pela tradição, abriga, portanto, múltiplos sentidos e funções, que vão desde a hospitalidade até a comemoração e homenagem às origens humanas e celestes.

2

PRECE

UM DIÁLOGO COM OS DEUSES

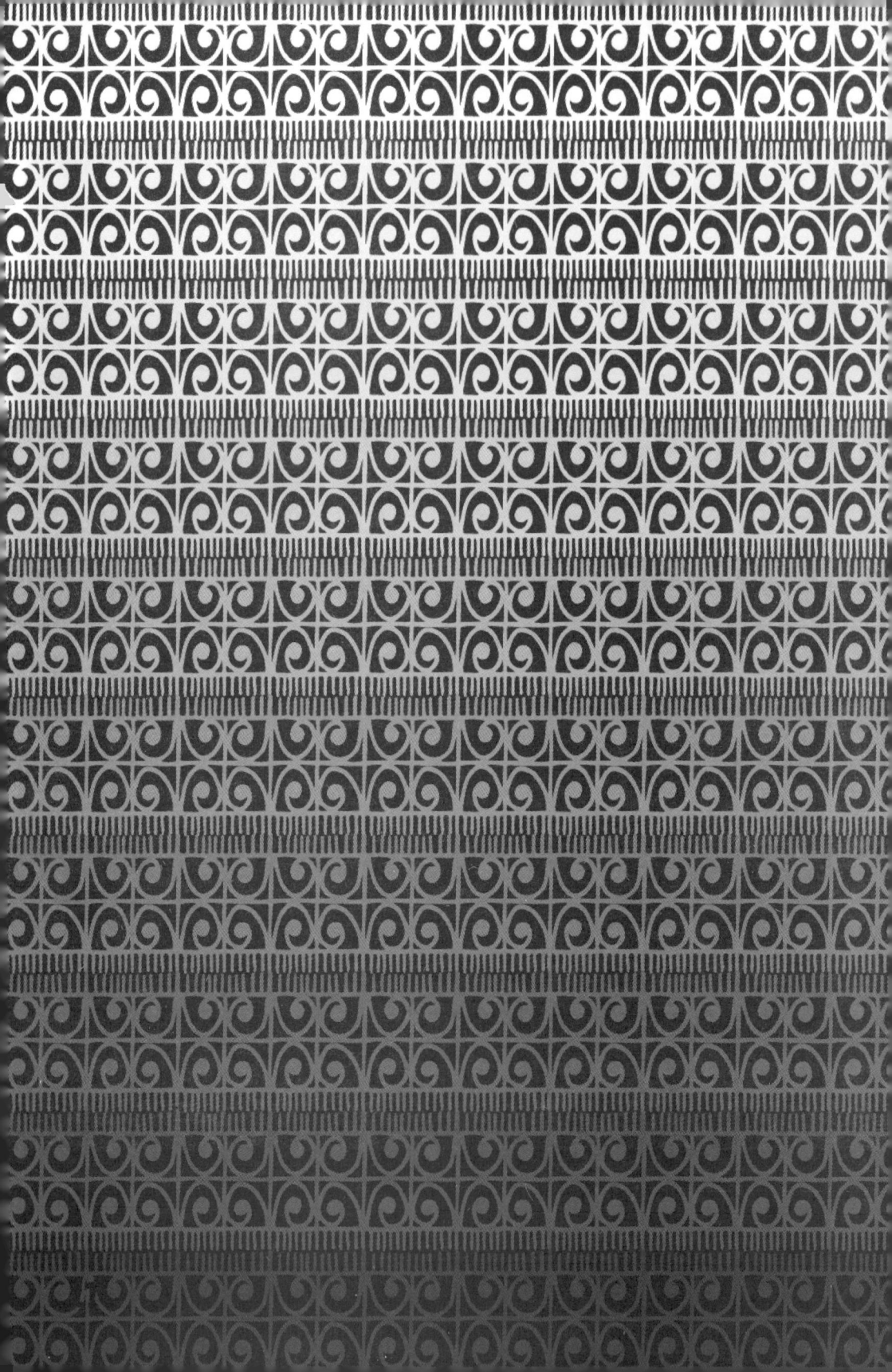

PRECE

UM DIÁLOGO COM OS DEUSES

Nessas comunidades, os sons, e os textos, falados ou cantados, assim como os gestos, a expressão corporal e os objetos-símbolo, transmitem um conjunto de significados determinado pela sua inserção nos diferentes ritos. Reproduzem a memória e a dinâmica do grupo, reforçando e integrando seus valores básicos, pela dramatização dos mitos, da dança e dos cantos, como também nas histórias[18] contadas pelos mais velhos como modelos paradigmáticos.

NA MINHA CASA

As regras de convívio são baseadas em etiquetas entre as diferentes categorias de idade, impostas pelas iniciações, que se organizam a partir de uma perspectiva hierárquica, em cujo topo encontra-se a chefia religiosa. O aprendizado é produto da vivência de um processo iniciático que se concretiza, geralmente, pela transmissão oral[19] do saber.

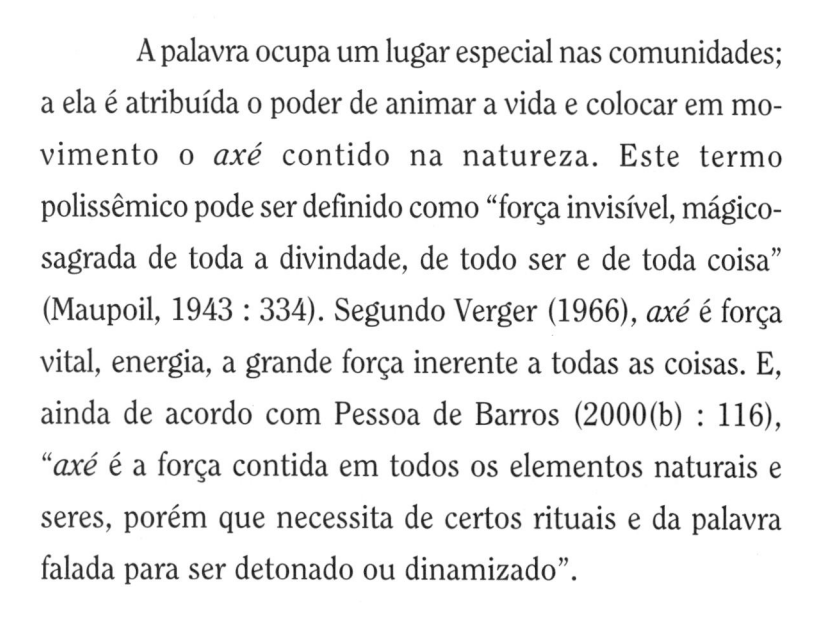

A palavra ocupa um lugar especial nas comunidades; a ela é atribuída o poder de animar a vida e colocar em movimento o *axé* contido na natureza. Este termo polissêmico pode ser definido como "força invisível, mágico-sagrada de toda a divindade, de todo ser e de toda coisa" (Maupoil, 1943 : 334). Segundo Verger (1966), *axé* é força vital, energia, a grande força inerente a todas as coisas. E, ainda de acordo com Pessoa de Barros (2000(b) : 116), "*axé* é a força contida em todos os elementos naturais e seres, porém que necessita de certos rituais e da palavra falada para ser detonado ou dinamizado".

As intenções, súplicas e o desejo de mudança devem ser verbalizados. É inconcebível pedir aos *orixás* em silêncio, numa abstração ou recolhimento ensimesmado. Os desejos devem ser pronunciados em voz alta e, sob a forma de prece, entoados. "A fala deve reproduzir o vaivém, que é a essência do ritmo" (Ba, 1982 : 186), para que atinja os deuses, deve estar em movimento, isto é, deve ser proferida.

O canto coral é a forma como as preces são entoadas, e sua execução obedece a padrões precisos. Podem-se apresentar em solo, e depois respondido em uníssono ou, ainda, em duo, sempre salmodiadas.

NA MINHA CASA

O canto é, quase sempre, acompanhado de instrumentos musicais; as preces ou *"adura"*, embora cantadas, nem sempre. Sua temática é ampla e, geralmente, está associada ao fado humano, à glória dos deuses e ancestres, e às forças da natureza. Mauss (1978 : 102), afirma que "de todos os fenômenos religiosos, são poucos os que, mesmo considerados apenas externamente, dão de maneira tão imediata quanto a prece a impressão de vida, de riqueza e de complexidade".

É no espaço sagrado do terreiro que os dilemas existenciais, como vida e morte, são pensados coletivamente, eles ocupam lugar especial na poética das preces. Estas falam de heróis civilizadores e da relação com a Natureza, vivenciada como lugar privilegiado da experiência religiosa. Os *orixás* são parte desta relação e, muitas vezes, seus personagens, pensados como modelos da vida humana e criadores do universo, enquanto que os ancestrais geralmente estão associados às questões ligadas à ética e à conduta. Ambos são invocados na vivência do cotidiano, dando forma e sentido à existência.

A prece é um enunciado e, ainda segundo Mauss (1978 : 117-135), é fragmento de uma religião, pois traz, por meio de suas fórmulas, o esforço acumulado dos homens e das gerações, na busca de dar um sentido à vida em sociedade. Mesmo quando individual, o seu discurso se remete às coisas consagradas, ou seja, sociais. Quem as profere, as circunstâncias, o momento e o lugar onde devem ser ditas estão rigorosamente fixados. Ela atinge a organização da família, especialmente na ocasião da iniciação, e no casamento, está implícita na estrutura jurídica, podendo, inclusive, ter funções econômicas. Podem, ainda, abranger, além do desejo individual, o culto doméstico, e alcançar a instância do culto nacional.

Na *adura* ou prece, alguns estilos estão conjugados em sua forma expressiva de comunicação entre homens, *orixás* e ancestrais. Ela tem o sentido de orar, do latim *orare*, isto é, de proferir um discurso e falar em tom oratório. Muitas vezes é chamada de reza, isto é, proferir ou dizer um enunciado religioso, dirigir súplicas, louvar ou celebrar vitórias, ou ainda de murmurar agradecimentos sob a forma de recitação. Como bem demonstra a sua origem, reza é originada do latim *recitare*.

A *adura* é, antes de tudo, um estilo literário pelo qual os seres humanos discursam[20] aos deuses, contando suas histórias, ambições e emoções, solicitando sua proteção e intervenção no alcance de seus desejos pessoais e coletivos.

As comunidades-terreiro de origem *nagô*, utilizam em seus cantos e preces uma língua litúrgica, trazida pelos escravos originários do oeste da África. Este idioma é um *iorubá* antigo, como o latim usado nas missas. Os praticantes conhecem o sentido dos cantos e dos louvores, mas não necessariamente o conteúdo de cada palavra. Como eles dizem: "Esta é a língua falada pelos *orixás*".

A transmissão do saber geralmente é atribuição dos mais velhos (*ebomi*), que ensinam aos mais novos (*iaôs*) o imenso repertório litúrgico. A iniciação ou clausura é um dos momentos privilegiados desse aprendizado, o qual pode se prolongar por vários anos. As fórmulas de cortesia e distinção, assim como os textos sagrados dos cânticos e preces, constituem-se em uma preocupação constante dos adeptos, originando uma extensa rede de solidariedade e prestação de serviço entre mais velhos e mais novos.

PRECE – UM DIÁLOGO COM OS DEUSES

As preces invocam os *orixás* e ancestrais. Estes últimos, quando masculinos, recebem a denominação de *egungum*, e, quando femininos, são chamados de *Ia Agbas*, isto é, as grandes mães. Seus textos descrevem os lugares sagrados, como também as alianças e conflitos realizados na África. Tematizam, da mesma forma, os ancestres surgidos no cenário brasileiro, sob o nome de *essa*, celebrados em cerimônias como o *padê*, nas quais também é saudado *Exu, orixá* da comunicação.

A natureza abriga múltiplas acepções dos *orixás* e ancestrais: *Oxum* – água doce, rios e cachoeiras; *Iansã* – tempestades, ventos; *Nanã* – os pântanos; *Xangô* – relacionado ao fogo e aos raios; *Ogum* – deus do ferro, da guerra e da agricultura; *Oxalá – orixá* primordial, em suas duas versões, o "novo", que representa o dia nascente, e o "velho", o poente; *Obaluaiê* – representa a terra e está ligado à cura e às doenças; *Exu* – senhor dos caminhos e da comunicação entre todos os *orixás*; *Oxóssi* – deus da caça; e *Ossaim – orixá* das plantas litúrgicas e medicinais. Há também *orixás* relacionados às árvores que, nos terreiros, têm seus troncos envolvidos pelos *"ojás"* – grandes tiras de pano atadas em nó, sob a forma de laço, que as distinguem das demais que não possuem um culto específico.

Todos os *orixás* possuem preces e algumas delas surgiram na diáspora. No entanto, seguiram uma estrutura mítica de origem e conservaram a língua como instrumento de comunicação, mantendo a mesma rede de significados simbólicos. A reelaboração, portanto, obedeceu a cânones já estabelecidos pela mítica fornecida pelas matrizes originais. As inovações, entretanto, não são bem recebidas, e o português somente é utilizado após a prece na língua litúrgica, pontuando o anseio individual e circunscrevendo as circunstâncias do objetivo a ser alcançado.

É o mais velho o encarregado de proferir as preces. Faz o solo, enquanto os presentes repetem o texto inicial, formando o coro. A prece será sempre por três vezes executada. Ao final de cada vez, ouvem-se palmas cadenciadas, o *paó*, que pontua a entrada do coro e o fim da execução do canto.

São sobre as esteiras que geralmente as preces são entoadas. Joelhos fletidos, cabeças ao solo, apoiadas sobre as duas mãos entrelaçadas e de punhos cerrados, ou ainda diretamente com a fronte sobre a terra. Este artefato, rico em simbologia, constitui aspecto importante na cosmologia *nagô*.

Utilizada nos ritos de iniciação como cama, acompanha, também, o périplo iniciático no dia mais dramático desse ciclo, o do nome[21]. Um mais velho, acompanhando os neófitos, estende a esteira no solo, diante dos locais sagrados; são saudados, então, as entradas, a camarinha (local da reclusão), a orquestra ritual, como também o mais senior, pai ou mãe-de-santo. Nesse circuito, um mesmo canto segue toda a trajetória litúrgica do cortejo, saudando a *eni*, nome *nagô* da esteira, pela importância que ela apresenta na visão de mundo das comunidades-terreiro.

A esteira, que um mito aponta como pertencendo a *Obaluaiê*, *orixá* senhor da vida e da morte, relaciona essa dupla metáfora ao nascimento do novo iniciado. Orar sobre ela, portanto, é enfrentar, num só golpe, o desafio e os segredos que pairam sobre essa dupla instância, o início e o fim do ser humano.

As preces são rezadas no cotidiano, antes das

oferendas, para garantir a realização dos desejos individuais ou coletivos. Precedem sempre a realização dos períodos de obrigações rituais, estendendo-se durante cada rito de passagem. As preces são entoadas também antes dos festivais dedicados aos *orixás*, tornando o calendário litúrgico das comunidades uma comunhão especial entre deuses e ancestrais.

A cada iniciação, são as preces que, por meio de seu som divino, transformam as plantas, pedras e o corpo humano em morada dos deuses. Não se esgota aí, entretanto, o seu sentido, pois, por elas, se cultiva a tradição e se louva a descendência. Dão também sentido e coerência à vida religiosa daqueles que vivem, em sua maioria, a condição-limite de celebrar a vida e a morte, em exclusão social, buscando a cidadania.

3
TIPOLOGIA

TIPOLOGIA

Consideramos que o complexo cultural *jêje-nagô* constitui um "padrão de significados transmitidos historicamente, incorporando em símbolos, um sistema de concepções herdadas expressas em formas simbólicas por meio das quais os homens comunicam, perpetuam e desenvolvem seu conhecimento e suas atividades em relação à vida" (Geertz, 1978 : 103).

Esse conjunto de conhecimento forma um acervo e um patrimônio transmitido de geração a geração, possibilitando a continuação da crença nos

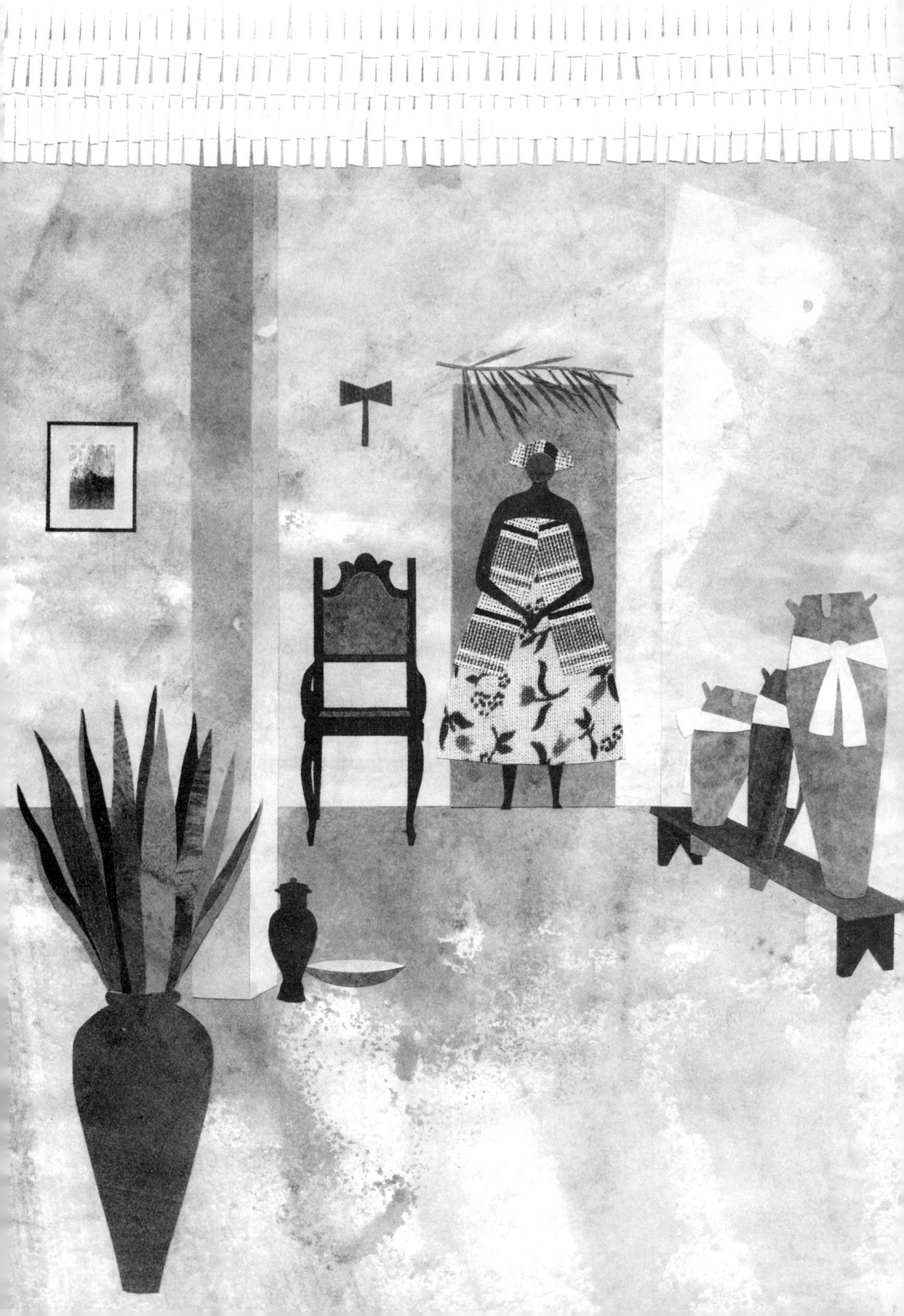

TIPOLOGIA

ancestrais. As preces são momentos especiais para se pensar a relação com o divino e entre o passado e o presente. Nelas estão contidos os principais aspectos que norteiam a visão de mundo das comunidades-*jêje-nagô*. Seu repertório é imenso e sua temática, variada.

Objetivando melhor compreensão dos princípios simbólicos que regem esse especial sistema de comunicação que liga o mundo das rotinas ordinárias dos homens ao mundo das rotinas extraordinárias dos deuses, dividimos as preces em categorias relacionadas às temáticas dramatizadas em seus textos sagrados.

Os nomes dos objetos-símbolos, dos lugares, dos títulos, dos elementos naturais, contidos nos mitos, assim como as situações-limite de vida e morte, foram pistas que possibilitaram as subdivisões que, entretanto, não correspondem a uma tipologia internamente reconhecida das comunidades-terreiro. Trata-se, portanto, de um esforço de compreensão do fenômeno religioso, a partir de uma ótica que objetiva o conhecimento e pretende alcançar a lógica sensível da visão de mundo *nagô*. E como todo trabalho pioneiro, é provisório em suas conclusões, e parcial pois apresenta apenas uma parcela de um todo numericamente expressivo.

Foram encontradas as seguintes categorias, cuja ordem de apresentação não corresponde ao grau de importância que os textos possuem. São elas:

Reivindicatórias

São as preces ou súplicas aos *orixás* e ancestrais para a solução de dilemas existenciais como emprego, segurança e outros desejos que a vida em sociedade e o cotidiano impõem.

Pede-se a *Ogum* um emprego, como descrito por Beniste (1997 : 218) e transcrito abaixo:

> Ògún Lákàiyé mo wá bèbè
> Láti fún mi nisé
> Torí ndà ní mo nwá sí odoo re
> Jòwó gbó temi

TIPOLOGIA

Kí ojú ma se ti mi
Láarin egbé mi
Ògún Jòwó gbó igbe àti èbè mi o
E fòrò mi lò
E bá mi wásé

Ogum Lákàiyé (poderoso), eu venho suplicar
Para dar-me um emprego
Por isso, estou em sua presença
Por favor, ouça-me
Não permita que eu me sinta envergonhado
Perante meus colegas
Ogum, por favor, ouça meu apelo e minhas súplicas
Proclame minhas necessidades
Ajuda-me a encontrar um emprego

Ogum é o senhor da guerra e de todos aqueles que trabalham com o ferro e metais. É o grande patrono dos ferreiros, mecânicos, motoristas e outros profissionais ligados à metalurgia. Possui também uma estreita relação com o cultivo da terra, pois é considerado como aquele que fabrica todos os implementos ligados a esta atividade. A súplica pode estar ligada a alguma dessas profissões a ele relacionada.

NA MINHA CASA

No Brasil, a acepção agrária de *Ogum* é escassa, ela está presente no seu objeto-símbolo, na qual várias ferramentas agrícolas pendem de um arco, como enxadas, foices, alfanges, ancinhos, martelos, etc., formando um conjunto em ferro que remete àqueles que vivem do cultivo da terra. Predomina, entretanto, o aspecto guerreiro, no novo cenário religioso, pois era difícil solicitar ao *orixá* colheitas fartas para o senhor de escravos. E a forja e a bigorna do Deus produziram, nas sublevações, espadas e sabres contra a sociedade escravocrata.

É interessante notar que a solicitação pretendida na prece é de um emprego, o que nos faz levantar duas hipóteses. A primeira provavelmente estaria ligada a um tempo anterior à escravatura, sendo, portanto, mais antiga que esta. A segunda expressaria o desejo de libertos ou nascidos livres, numa sociedade tão marcada pelo preconceito e na qual predominava a exclusão. No primeiro caso seria uma relíquia africana e no segundo, ainda bastante atual, o desejo de parcela significativa da sociedade brasileira, até hoje colocada à margem do processo produtivo, vivendo de subempregos ou engrossando as fileiras dos movimentos sem-terra e sem-teto. Em qualquer das hipóteses, entretanto, o pedido de trabalho é acompanhado de uma outra súplica, "não permita que eu me sinta envergonhado perante meus colegas".

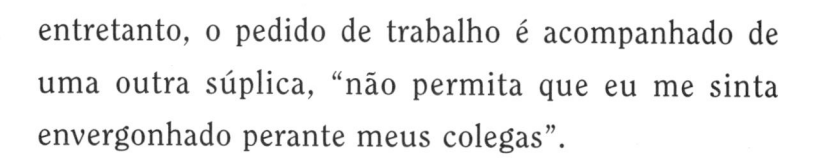

Pode-se, também, solicitar a *Xangô* a segurança e a proteção da casa, como indicado por Pessoa de Barros (2000(a) : 148):

> *Àwúre lé, àwúre lé kólé,*
> *Àwúre lé, àwúre lé kò olè,*
> *Àwa bo nyin maá rí àwa jalè,*
> *Àwúre lé, àwúre lé kò olè.*

> Abençoe-nos e traga boa sorte à nossa casa,
> Que ela não seja roubada,
> Abençoe-nos e traga boa sorte à nossa casa,
> Que não venham ladrões,
> Nós que o cultuamos,
> Jamais veremos nossa casa roubada,
> Abençoe-nos e traga boa sorte à nossa casa,
> E que não venham os ladrões.

Xangô, talvez um dos mais cultuados *orixás* do Brasil, onde é conhecido como aquele que protege os injustiçados e pune malfeitores e ladrões. Segurança e justiça têm sido uma das maiores aspirações de todos aqueles que se sentem excluídos e espoliados de seus direitos. Isto talvez esteja relacionado à grande projeção que *Xangô* assumiu em todo o território brasileiro, assumindo um caráter de culto nacional, passando, inclusive, a designar, no Nordeste brasileiro, especialmente em Recife, uma específica tradição das religiões de matrizes africanas, os *Xangôs*.

Distintivas

Preces que distinguem títulos, posições hierárquicas, origem e cerimônias.

> *Bàbáláse nílé wa*
> *Ojúmomo bàbáláse a e*
> *Bàbáláse nílé wa*
> *Ojúmomo bàbáláse a e*
>
> Babalaxé na nossa casa
> É a luz do dia
> Babalaxé na nossa casa
> É a luz do dia

Os versos referentes aos títulos (*oiê*) vão sendo trocados na estrofe, nominando as diferentes categorias de mando e funções exercidas na comunidade. O título

TIPOLOGIA

Babalaxé, pai do *axé*, é usado quando é um homem a autoridade máxima do terreiro, deve ser trocado por *Ialaxé*, quando for uma mulher. Um a um, surgem os vários *oiês* como, *Babaquequere* ou *Iaquequere* (pai pequeno ou mãe pequena); *Iaefum* (responsável pelas pinturas corporais); *Adagam* e *Iamoro* (oficiantes do *padê*); *Alabê* ou *Iatabexé* (executantes dos cantos sagrados); *Axogum* (encarregado dos sacrifícios de animais); até ao mais novo dos iniciados, *Iaô*; reafirmando a hierarquia e a complementariedade de todos os encarregados das funções rituais. Esta prece pode se alongar por muito tempo, considerando a complexidade que a comunidade pode apresentar.

Outras falam ainda das origens e alianças:

> *Oba kawòó o*
> *Oba kawòó o*
> *O, o, kábíyèsilè*
> *Oba ni kólé*
> *Oba séré*
> *Oba njéje*
> *Se're aládó*
> *Bangbose O (wo) bitiko*
> *Osé kawòó*
> *O, o, kábíyèsilé*

NA MINHA CASA

> Ó Rei, meus cumprimentos.
> Ó Rei, meus cumprimentos.
> Sua majestade,
> O rei mandou construir uma casa
> O rei do xere,
> O rei prometeu e traz boa sorte
> O dono do pilão
> Bamboxê abidikô,
> Meus cumprimentos (ao)
> Oxé, sua majestade.

Esta é uma prece dedicada a *Xangô* e, em seus versos, aparecem alguns elementos importantes relacionados a este *orixá*. O pilão, um de seus símbolos emblemáticos, considerado forte e barulhento como ele, e o *xere*, instrumento musical destinado à sua invocação. Algumas louvações próprias do rei, *Alafim de Oió*, relacionados aos dois objetos descritos acima e ligados ao seu culto, que assume proporções nacionais, tanto na África como no Brasil, também estão contidas na reza.

Ao mesmo tempo, é saudado *"Bamboxê Abidikô"*, título concedido a Rodolfo Martins de Andrade, um dos fundadores mais prestigiados dos candomblés da cidade de

Salvador, Bahia. Foi trazido da África por Marcelina *Obatossi*, *Ialorixá* do Engenho Velho. Ganha notoriedade por dominar perfeitamente o *iorubá* e as técnicas divinatórias, constituindo-se em conselheiro e guardião das tradições das comunidades-terreiro. Sua memória é reverenciada no *padê*, cerimônia dedicada a *Exu* e aos ancestrais, com o título de *Essa Abidikô*. Sua história é envolvida com inúmeros feitos mágicos recolhidos por Verger (1999 : 326).

Julgamos que essa louvação, que possui todos os elementos simbólicos da cultura *iorubá*, tenha sido criada no Brasil, louvando um *essa*, isto é, um ancestral das comunidades-terreiro baianas. O texto fala também que *Xangô* mandou construir uma casa, provavelmente aludindo à fundação do terreiro, templo de *Iá Nasô*, ao qual *Bamboxê Abitikô* estava ligado por laços de fidelidade e, segundo os membros pertencentes a esta comunidade, seria *Xangô* o seu *orixá*. (Pessoa de Barros, 1999(a) : 98)

> *Oní ijà, oní ijà*
> *Oní ijà, oní ijà*
> *Àgò, àgò méje é é,*
> *Méje ó jé rìn e jojo*
> *A l'èrù Oní ijà*

NA MINHA CASA

Oní Ìré, oní ìjà ó
Ó gogoro ará òun
Wá gbélé gbé aláàkòro
A Yin sìn, a Yin sìn, imonle

Senhor da luta, Senhor da guerra,
Senhor da luta, Senhor da guerra.
Com licença, com licença aos sete
Os sete andam e é extremo
O medo que nós sentimos. Senhor da luta,
Senhor de *Irê*, Senhor da luta.
O corpo dele é esguio.
Venha morar conosco e proteger a nossa casa,
Senhor do *acorô* (diadema).
Nós vos serviremos, nós vos serviremos *imanlé* (espírito).

Oníjà fò Oníjà. Oníjà fò Oníjà.
Àgò, àgò méjé
Àgò Ojóní, jojo l'èrù
Oníjà, Onílé,
Oníjà oròko
K'orò ó ká n.
Àsé 'lé Alákòró, a jé 're a bi dí e

Senhor da luta salta, Senhor da luta salta
Senhor da luta salta, Senhor da luta salta.
Com licença sete (vezes)

TIPOLOGIA

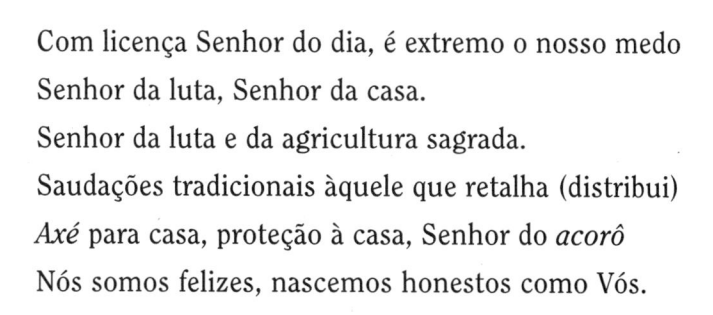

Com licença Senhor do dia, é extremo o nosso medo
Senhor da luta, Senhor da casa.
Senhor da luta e da agricultura sagrada.
Saudações tradicionais àquele que retalha (distribui)
Axé para casa, proteção à casa, Senhor do *acorô*
Nós somos felizes, nascemos honestos como Vós.

O nome da cidade de *Irê*, cujo patrono é *Ogum*, é citado na prece invocando a sua proteção contra os inimigos. O texto ressalta o aspecto guerreiro do *orixá*, também considerado o senhor da guerra, protetor dos caminhos. As folhas desfiadas do dendezeiro, denominadas *mariô*, são a ele dedicadas e representam seu aspecto ancestral, quando colocadas nas soleiras das portas, objetivam proteger as entradas contra os inimigos, sejam eles pertencentes ao mundo dos espíritos ou para evitar a aproximação de hóspedes humanos indesejáveis. Seriam como cortinas protetoras da casa, evitando todos os que poderiam colocar em risco a segurança da comunidade-terreiro.

O número sete faz parte do texto das preces. Trata-se de uma simbologia intrinsicamente ligada ao *orixá* Ogum, dele se diz: "Existem sete *Oguns*", "*Ogum* fundou sete cidades", "*Ogum*, com raiva, repete sete vezes a mesma coisa". *Mejê*, em *iorubá*, significa sete e está ligado a várias histórias contidas no sistema divinatório de *Ifá*, a maioria delas relacionada a este *orixá*.

Já a palavra *acorô*, espécie de diadema ou chapéu distintivo dos dignatários, fala do mito em que *Ogum* preferiu usar este ornamento cerimonial no lugar da coroa que por direito lhe cabia, devido à sua condição de rei da cidade de *Irê*.

A prece também fala daquele que retalha, ou seja, distribui. *Ogum* é considerado como o "senhor do *obé*", a faca cerimonial com que são realizados os sacrifícios. É por este instrumento que os *orixás* e ancestrais recebem as suas oferendas. Além disso, o animal imolado será consumido pela comunidade, e é a faca de *Ogum* que realiza essa partilha cerimonial, que socializará o *axé* entre todos aqueles que participarem dessa comunhão divina.

Um outro exemplo relativo a origem está, entretanto, nesta prece, ligado a *Obaluaiê*:

> *Don hòn há*
> *Don hòn há é à*
> *Empé, don hòn há*
> *Don hòn há*
> *Don hòn há é à*
> *Empé, don hòn há*

TIPOLOGIA

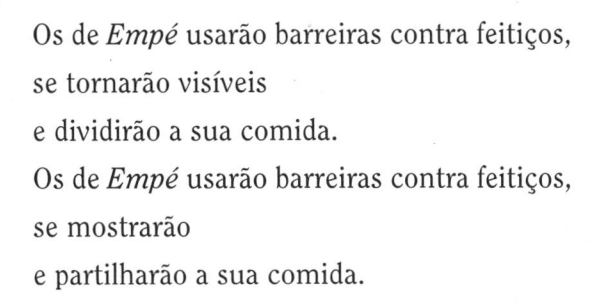

>Os de *Empé* usarão barreiras contra feitiços,
>se tornarão visíveis
>e dividirão a sua comida.
>Os de *Empé* usarão barreiras contra feitiços,
>se mostrarão
>e partilharão a sua comida.

Esta prece, fragmento de uma maior, entoada geralmente durante o festival de *Obaluaiê*, na cerimônia conhecida como *Olubajé*, fala de *Empé*, território onde habitavam os *Nupe*, isto é, no país *Tapa*. Os guerreiros de *Obaluaiê*, conhecido também como *Onilê*, "o Senhor da Terra", em sua campanha expansionista, conquistaram os *Nupe*. A prece remete-se a possíveis alianças com os povos vencidos que pressupunha, entre outros aspectos, a proteção contra os inimigos comuns. Partilhar a comida ou oferendas talvez esteja relacionado ao culto introduzido pelos vencedores, nas novas terras conquistadas, conforme indicam alguns mitos e histórias relacionados ao guerreiro *Obaluaiê* (Pessoa de Barros, 2000(a) : 86).

O *Olubajé* é uma grande produção, distribuição e repartição daquilo que comem os *orixás*. E é da participação nessa comensalidade que o conviva pode ter garantida a sua prosperidade e saúde. Um mito relatado nas casas-de-santo é revelador:

> "*Xangô* um dia convidou os *orixás* para uma festa. Havia muita fartura e todos estavam muito felizes. No meio da festa, eles se dão conta da ausência de *Obaluaiê*... Ele não havia sido convidado. Temendo sua cólera, os *orixás* decidem ir ao seu palácio, todos juntos, levando o que comer e beber. Era necessário pedir desculpas... fazê-lo esquecer a indelicadeza... *Obaluaiê* aceita a homenagem, mas faz Xangô chamar a todos os habitantes de sua cidade para participar com ele do banquete..."

A história fala, portanto, das antigas disputas e alianças, e da ocupação de território em África. Alude também ao significado da partilha da comida sagrada, fonte de *axé* e vida que *Obaluaiê* pode, com o seu poder, restituir aos carentes e enfermos.

O homem constrói regras e sistemas alimentares na sua vida cotidiana. Esta necessidade, de ordem biológica, não especifica, no entanto, o que vai ser ingerido, estas escolhas encontram-se no contexto social, "a culinária é um meio através do qual a natureza é transformada em cultura", Lévi-Strauss (1976 : 77).

O Cardápio dos deuses pode ser fonte de emoções, em sua relação com o sobrenatural, e expressar metáforas que falam das especificidades próprias da vida social. A comensalidade[22] envolve intimidade, comunhão, celebração e muitos outros aspectos da vida em sociedade, sendo, portanto, uma forma de expressão e comunicação.

> *Òsólúfón àwa dé ó*
> *Odìde ìyàwó*
> *Kéké omi*
> *Ijó, ijó, ìyàwó*
>
> *Orixá* Senhor de *Ifóm*.
> Levante os filhos,
> águas silenciosas e profundas.
> Dancem, dancem filhos.

Etmologicamente, *Oxalufã* significa "Senhor de *Ifóm*", isto o faz originário da cidade de *Ifóm*. É um dos títulos dos *orixás funfum*, os *orixás* originais, os que vestem branco. Esta prece é entoada pela nação *Ifóm* ao raiar do dia, antes dos banhos lustrais, e o seu texto fala de levantar os filhos para que eles participem das águas silenciosas e profundas do *orixá*, pai da criação. Fala também de dançar, isto é, da demonstração de alegria daqueles a quem é concedida a graça de mergulhar nas águas profundas da iniciação, águas preparadas com as ervas que tornarão o seu corpo ritualmente puro para o encontro com os ancestrais.

Atributivas

Atribuem força especial, vida e *axé* aos vegetais, animais, minerais, alimentos e objetos rituais:

Òdúndún baba t''èrò re
Òdúndún baba t''èrò re
Bàbá t'ero 'le
Monlè t''èrò re
Òdúndún baba t''èrò re

Odundum, Pai, espalhe sua calma
Odundum, Pai, espalhe sua calma
Grande espírito, espalhe sua calma
Odundum, Pai, espalhe sua calma

Ewé ogbó Ìrokò
Ewé ogbó sobèjé
Ewé ogbó Ìrokò bàbá
Ewé ogbó sobèjé

TIPOLOGIA

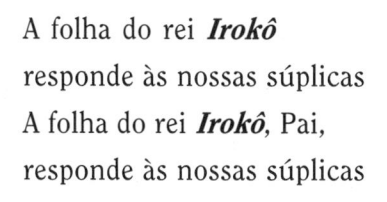

A folha do rei ***Irokô***
responde às nossas súplicas
A folha do rei ***Irokô***, Pai,
responde às nossas súplicas

Àwa ka sa k'o l'omo
Àwa ka sa k'o l'omo
Àfòmón ti bi kan
Àwa ka sa k'o l'omo egè

Em todo lugar louvamos as folhas que nos dão filhos
Em todo lugar louvamos as folhas que nos dão filhos
Afomã nos permitiu ter filhos
Em todo lugar louvamos as folhas que nos dão filhos

(Pessoa de Barros, 1999(b))

Estas preces, realizadas durante o ritual denominado *sassanhe*, que objetiva louvar e detonar o *axé* contido nas espécies vegetais, são de rara beleza. Geralmente proferidas durante as iniciações ou antes do ciclo de festas de cada *orixá*, são dirigidas tanto para as grandes árvores, como o *irokô*, como para as folhas, especialmente consideradas. A primeira, *Odundum* (*Kalanchoe Brasiliensis*), é conhecida popularmente como Saião ou Folha-da-Costa, enquanto o *irokô* (*Ficus doliaria*) é a gameleira, uma proeminente árvore.

NA MINHA CASA

Dentro do sistema classificatório das plantas (Pessoa de Barros, 1993(a) : 89), utilizado nas casas-de-santo *nagô*, ambas as espécies mencionadas acima estariam relacionadas à categoria *eró*, isto é, das plantas que têm a propriedade de acalmar, quando utilizadas em banhos, beberagens ou fumegações. O oposto a esta categoria é o sufixo *gum*, que aparece em inúmeros nomes de plantas litúrgicas, como o de *peregum*, e que teriam a propriedade de exaltar o corpo humano, pela sua utilização.

O *afomã* é o nome genérico dado pelos *nagôs* a diversas plantas que utilizam outros vegetais, principalmente os de grande porte, como substrato. Trata-se, portanto, de uma categoria que abrange vários vegetais com essas características, entre elas a erva-de-passarinho (*Phthirusa abdita*). A categoria *afomã* também está associada, no texto, ao desejo de continuidade que os filhos permitem.

As crianças formam uma categoria especial nas comunidades-terreiro, sendo dispensado a elas cuidado especial pois constituem um elo indispensável à manutenção do grupo, isto é, daqueles que resolveram ficar após a abolição e optaram por prosseguir, lutar no exílio e sobreviver sem submeter os seus valores – sobreviver física, moral e culturalmente, na condição de brasileiros.

Iniciar os mais novos, os filhos, "é a resistência cotidiana daqueles que decidem ser iguais aos seus, permitindo que outros iguais a si mesmo surgissem, possibilitando a constituição de um estilo de vida diferente, porém em conformidade com a mítica. Resolveram contagiar outros com suas crenças, criando uma África caleidoscópica, aqui mesmo" (Pessoa de Barros 2000(a) : 103).

Outras preces atributivas estão relacionadas aos animais que, desta forma, também estão inseridos na perspectiva religiosa como possuidores de *axé*:

> *Bàbá bí a bí età konken*
> *Bàbá bíi a bíi età konken*
>
> Pai, ele nascerá, ele nascerá galinha d'Angola, *conquém*
> Pai, ele será como, ele será como a galinha d'Angola, *conquém*

NA MINHA CASA

Bàbá e pàwó,
Ata kò re kò,
Ará ènyin fún adìe
Bàbá e pàwó
Bàbá e àsé pè
Àsé pè é Bàbá mi ró
E kú e, e kú e, e wá dé a
Ará enyin fún adìe
Bàbá e pàwó

Pai, Vos aplaudimos
A pimenta não é Vossa não
Vossa gente sacrifica uma galinha
Pai, Vos aplaudimos
Pai, construa o *axé*, Vos pedimos.
Vos pedimos meu Pai, fique.
Sê-de bem-vindo! Sê-de bem-vindo! Vinde a Nós.
Vossa gente sacrifica uma galinha.
Pai, Vos aplaudimos.

Eiyele
E nwá j'adie
Oluwo ojú mon mon
Mo júbà lojú olóòrun
Ojú mon mon
Àgò álá
Olóòrun k'ìbà se
Oluwo, ojú mon mon

> O pombo,
> É vossa galinha
> Dono do segredo, o dia já amanheceu
> Reverenciamos na presença de *Olorúm*
> Ao amanhecer do dia
> Com licença do *Alá* (da pureza)
> Que a benção seja aceita
> Dono do segredo, o dia já amanheceu
>
> (Pessoa de Barros, 1998 : 38)

Alguns mitos relacionam a galinha d'Angola e o pombo a fatos extraordinários. Outros animais também possuem a possibilidade de ilustrar a relação tão especial vivenciada entre o homem e a natureza. Estes dois, entretanto, são paradigmáticos pelas injunções que sugerem. A galinha d'Angola, por meio de seus nomes litúrgicos, *conquém* e *etú*, permite pensar alguns aspectos fundamentais da visão de mundo *nagô*. Algumas histórias, relatadas pelos mais velhos das comunidades, falam da saga mítica desse animal tão especial na cosmologia do povo-de-santo. (Pessoa de Barros, 1998)

"Era grande a mortandade. As pessoas estavam apavoradas e pediram a *Oxalá*. E ele mandou fazer '*ebó*' (oferenda). Mandou pintar uma galinha preta com pintinhas brancas de *efúm* (giz). Depois disse para soltar no mercado. A morte se assustou e foi embora. Assim surgiu a galinha d'Angola." (Pessoa de Barros, 1993(b) : 27).

A prece relaciona, ainda, os animais sacrificiais ao pai da criação, *Oxalá*, solicitando a ele, como no tempo mítico, quem sabe, a vitória sobre a morte pelo renascimento que a iniciação proporciona. A cor branca do giz, no mito, estabelece uma nova relação, ligando o animal aos *orixás* originais, possibilitando um novo sentido ao calcário, agora um instrumento divino contido na criação.

A mesma primazia distintiva que relaciona a galinha d'Angola à criação, torna o *Eiele*, o pombo, também extraordinário. Na prece dirigida a *Olorúm*, o grande criador do universo, o devoto solicita que as bênçãos sejam aceitas e que o desejo de comunhão com os deuses possibilite a continuação da vida. O *Alá*, pálio branco que cobre os dignatários, é um símbolo de distinção associado aos *orixás* originais. Geralmente de morim, ele é estendido pelos caminhos por onde passarão os *orixás funfum* (os que vestem branco), durante a procissão interna do terreiro, onde é louvada a criação dos homens e da Terra, na cerimônia denominada Águas de *Oxalá*.

Os interditos principais de *Oxalá* são o azeite-de-dendê e a pimenta. A prece fala que a pimenta não é dele, não está relacionada a sua essência, o mesmo acontecendo com o dendê, relacionado aos mitos de origem do *orixá*.

A natureza, princípio norteador da perspectiva religiosa, divina por excelência, pois a ela é atribuída, além de elemento formador da vida, a concepção de fonte e morada do *axé*:

> Obalúwàiyé, Obalúwàiyé
> Oba t'òtá, gbèé to Bàbá
> É Òrìsà oni 'mo dé

> Rei e Senhor da Terra, Rei e Senhor da Terra.
> Rei das pedras, protegei bastante, Pai.
> *Orixá* e Senhor dos filhos que chegam.

Obaluaiê, considerado como o senhor da vida e da morte, é, na prece, chamado de rei das pedras, *otás*. Este nome diferencia a rocha, ou fragmento dela, genérico, da pedra onde é impregnada a força vital dos *orixás*, e que servirá como objeto-símbolo de adoração e relação do ser humano com a natureza.

Especial atenção é dada à oferenda, entre elas, as "comidas-de-santo" que, além de serem destinadas aos deuses, produzem uma especial forma de adquirir sabedoria e prazer. Os deuses e ancestrais recebem, pelas suas preferências, alimentos transformados em ágapes divinos. Oferecer-lhes "suas comidas" constitui-se em ato de adoração, devoção e súplica. Estes alimentos são consumidos, constituindo-se esta degustação em um complexo sistema de regras, prescrições e interdições. A culinária afro-brasileira aparece muitas vezes como um marcador cultural importante, usado como símbolo de brasilidade.

> Ìmò wá mònà mòwé
> Kó je nà mímò àsé
> Kó je nà mímò àsé
> Kó je nà mímò àsé
>
> Procurar o conhecimento,
> certamente torna inteligente
> A comida (*amalá*) faz adquirir
> e aumenta o conhecimento do *axé*.

TIPOLOGIA

A prece indica que, ao se desfrutar da comida sagrada, descobre-se o *axé*, isto é, a força, que dá conhecimento e sabedoria aos que dela usufruem. É interessante notar que o conceito de *axé* pressupõe um gradiente no qual os pólos estariam relacionados a maior ou menor presença dessa energia vital.

O *axé* surge de todo processo ritual de encantamento da natureza, podendo se extinguir, sendo indispensável, portanto, uma renovação periódica, expressa no cumprimento das prescrições religiosas. É necessária, portanto, uma continuada relação com a comunidade para que a produção, transmissão dessa força ocorra.

As oferendas de alimentos aos deuses, particularmente, são ditas como possuidoras e veículos de *axé*, sendo o seu consumo, após o ofertório, um momento especial de propagação dessa força mágico-religiosa. Esta reza, geralmente cantada durante o festival conhecido como "A Fogueira de *Xangô*", refere-se ao *amalá*, uma das comidas preferidas do "*orixá* do fogo" (Pessoa de Barros, 1999(a) : 104). Esta iguaria composta a partir de quiabo, cortado em pequenas rodelas, temperado com camarões secos e cebola ralada, servido sobre uma gamela, untada com um pirão de farinha de mandioca, podendo ainda ser acrescentado dendê ou azeite doce, dependendo das preferências próprias dos diferentes tipos de *xangôs*.

Cerimoniais

As preces podem estar associadas a cerimônias ou ritos específicos. São cantadas exclusivamente nestas ocasiões conferindo particularidade, ao ressaltar na liturgia, os aspectos singulares. Estão geralmente associadas aos mitos contidos no sistema divinatório de *Ifá* [23].

Orí bó
Orí a pé're mbo
Bí wa temi
Orí bó
A dá mi wá'iyé mbo
Bí wa temi
A pé're orí o
Àdó nise
A da mi wá'iyé
Orí o
Àdó nise
Lésè òrìsà

TIPOLOGIA

> O *orí* se alimenta
> Para atrair felicidade e sorte
> O *orí* se alimenta
> Aquele que me cria e me enviou ao mundo
> Nós pedimos boa sorte ao *orí*
> Porque a cabeça tem muita luta
> Aquele que me cria venha ao mundo
> Na minha cabeça
> Que tem muito a fazer
> Aos pés do *orixá*

O *borí*, ritual no qual essas rezas são cantadas, possui algumas características próprias da perspectiva religiosa em questão. O termo significa "dar comida à cabeça" – *orí*, a cabeça, ocupa, nos mitos relativos à criação do ser humano, um lugar especial. (Pessoa de Barros, 1998 : 45)

Narra o mito que a *Obatalá*, filho de *Olorúm*, coube a tarefa de fabricação dos homens. Usando o barro, esmerou-se na configuração de suas feições e na modelagem de seus corpos. Como não podia animar as suas criaturas, dependia de seu pai para infundir-lhes o sopro da vida. Corpo e alma, entretanto, não eram suficientes. Para viver na Terra, entre seus semelhantes, era preciso mais. Necessitavam uma personalidade. Algo que distinguisse cada um dos demais. Por isso, um velho oleiro, muito cansado e já bastante esquecido, foi encarregado de fabricar as cabeças capazes de dar aos seres humanos a individualidade que haveria de caracterizá-los por toda a sua existência. *Ajalá*, como se chamava, se pôs a trabalhar. Usava os mais diversos materiais ao seu alcance. Distraído, ia variando os ingredientes de uma cabeça para outra. Nem as misturas, nem os moldes, nem tampouco o cozimento saíam sempre de acordo.

Daí a diversidade, as cores e os temperamentos desiguais que os seres humanos apresentam. Os elementos naturais associados aos *orixás*, ao entrarem na composição, em maior ou menor quantidade, estabeleceriam com estes um relação de pertença, tornando-se seus ancestres. O oleiro divino, entretanto, duplicava as cabeças, depositando uma no *orúm*, a terra dos deuses, e entregando a outra a *Olorúm*, o pai da criação. Este, depois de lhe insuflar a vida, por meio do *emi*, o hálito divino, determinava que esta cabeça viesse cumprir no *aiê*, a terra dos homens, a sua existência individual.

TIPOLOGIA

O rito do *borí*, além de lembrar o mito da criação, renova os laços míticos entre homens e deuses, isto é, entre a criatura e o criador. Alimentar a cabeça com as oferendas divinas é possibilitar essa comunhão que se estabelece por meio do *axé*, que será renovado periodicamente. Trata-se, ao mesmo tempo, de descobrir as origens, isto é, os diferentes elementos que compuseram a cabeça do ser humano, colocando em consonância e comunicação o *orí* do *aiê* com o do *orúm*. O alimento divino, oferecido no ritual, auxilia o ser humano não somente a desvendar a sua relação com a natureza, contida em sua essência, mas tornar-se agente da transformação do seu destino.

Divinatórias

O sistema divinatório estabelece a relação entre homens e deuses, e suas preces apresentam características próprias dessa relação divina. Para alcançar esta finalidade, os *nagôs* utilizam vários métodos, sendo o mais usual o jogo de búzios. Nele são utilizadas pequenas conchas branco-amareladas, de forma oval, tendo, de um lado, uma saliência ou fenda natural; de outro, a forma arredondada é serrilhada para dar-lhe uma linha plana.

NA MINHA CASA

As diferentes posições em que aparecem no jogo, correspondem numericamente aos *orixás*, como também a mensagens por eles enviadas, consistindo em uma complexa forma de comunicação, porém, mais simplificada que a utilizada antigamente pelo colar de *Ifá*, que desaparece na década de 1960, no Brasil. A prece abaixo está relacionada a este antigo sistema:

Ifá ò gbó,
Omo èhìnrè Omo èhìnrè
Omo ojó èjì
Ti i s'a re gànràn-gànràn l'orí eléwé
A k'ere fínún sógbón
A kí E Òní ìrònlówó
Bi ìyekon eni
Ìbà Akódà
Ìbà Asèdà
Olójó Òní Ifá aa re ó

Ifá, eu te ouço
Filho de um notável, filho de um notável
Filho do dia de chuva
Que nos faz felizes pela aragem que balança
as copas das árvores
Quem saudamos felizes pela inteligência

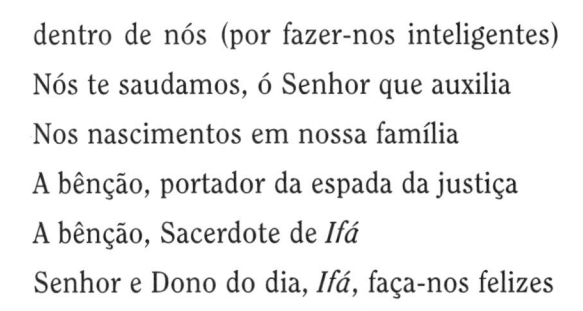

> dentro de nós (por fazer-nos inteligentes)
> Nós te saudamos, ó Senhor que auxilia
> Nos nascimentos em nossa família
> A bênção, portador da espada da justiça
> A bênção, Sacerdote de *Ifá*
> Senhor e Dono do dia, *Ifá*, faça-nos felizes

Ifá é o senhor da adivinhação, e é por meio dele que o ser humano consulta os deuses para tornar-se sabedor de seus desígnios, sondar os ancestrais nas medidas corretas a serem seguidas, descobrir as melhores ações e atitudes frente a vida, alcançando neste desvendamento a certeza da justiça e a felicidade. Ser inteligente é estar de acordo com o seu eu mais profundo e pela correta interpretação do que deve ser feito, e *Ifá*, neste sentido, torna-se muito mais do que uma revelação de desígnios, constituindo-se também, através de suas histórias, um código de princípios éticos e morais. Na prece também é saudada a descendência, tanto daquele considerado ilustre pela sabedoria que encerra como pela possibilidade da continuação de engendrar novos filhos, de acordo com as tradições prescritas pelos deuses.

A obì kón pè'sà Orí ó
A obì kón pè'sà
A obì kón pè'sà Orí ó
A obì kón pè'sà
Àsé kú èrè sí ó àsé kú èrè sè ó
A obì kón pè'sà Orí ó

Abrimos *Obí* e chamamos o *Orixá* do *Orí* (dele)
Abrimos *Obí* e chamamos o *Orixá*
Abrimos *Obí* e chamamos o *Orixá* (dele)
Abrimos *Obí* e chamamos o *Orixá*
A saudação é **axé** e benefício para ele,
a saudação faz **axé** é benefício
Abrimos *Obí* e chamamos o *Orixá* (dele).

O *Obí* (*cola acuminata*), semente sagrada usada como reveladora dos desígnios, tanto dos *orixás* e ancestrais como também do *Orí*, a individualidade que caracteriza o ser humano. Pode ser tanto o objeto da adivinhação como a oferenda especial dedicada à cabeça, que ocupa, na tradição religiosa, aspecto de relevância impar.

Axexê

Cerimônia fúnebre realizada após a morte de membros da comunidade religiosa. A palavra axexê significa, em *iorubá*, "origem das origens" (Santos, 1976). Compõe-se de um repertório que somente pode ser executado nos ritos mortuários. Começa após o enterro e consiste de rituais diversos, preces, cânticos, danças e comidas.

Pode ter duração variável em função do tempo de iniciação e da importância do adepto no grupo; para os menos graduados, três dias; para os mais antigos e notáveis, sete. Os cânticos usados nessa liturgia são de despedida e homenagem ao morto e aos ancestrais.

Os atabaques, em especial, e a orquestra ritual, como um todo, podem sofrer alterações nesses rituais. Momento tão delicado impõe regras, os tambores são substituídos por potes de barro (porrões) que reproduzem os tamanhos dos atabaques. São percutidos com uma das mãos sobre a caixa acústica e a outra na borda vazada com abanos de palha de palmeira trançada. É uma produção musical expressiva numericamente e em conteúdos simbólicos. São cantos de rara beleza destinados a conduzir para o *orúm* (terra dos ancestrais) o espírito dos pertencentes às comunidades-terreiro. Muitos afirmam que, na verdade, os cantos da morte são preces que, como todas as outras, são cantadas, talvez, neste momento tão liminar, com mais emoção.

Todos os membros do terreiro reúnem-se no barracão, rigorosamente vestidos de branco, quando o sol se põe. As cabeças são envolvidas com turbantes imaculados em respeito àquele que partiu, e, amarradas ao punho esquerdo, as folhas de *mariô* protegem o ser humano do contato perigoso com a morte, *Ikú*. Começam os cantos-preces que falam das origens, saúdam os ancestrais e o morto.

>   Àsèsè, asèsè o!
>   Àsèsè mo juga.
>   Àsèsè, asèsè o!
>   Àsèsè o ku àgbá o!
>   Àsèsè, asèsè o!
>   Àsèsè erù ku àgbá o!
>   Àsèsè, asèsè o!

Axexê, oh! *Axexê*
Axexê, eu lhe apresento meus humildes respeitos, oh!
Axexê, oh! *Axexê*
Axexê, eu venero e saúdo os mais antigos, oh!
Axexê, oh! *Axexê*
Axexê, o carrego da morte saúda os mais antigos, oh!
Axexê, oh! *Axexê*

(Santos, 1976)

Todos os pertences pessoais daquele que partiu para o *orúm* são reunidos e é então realizado o jogo que vai destinar parte deles a quem o oráculo designar. O jogo de búzios é considerado, neste momento, como a vontade do morto, sua voz e desejo último. O restante, denominado "carrego", será restituído à natureza, origem e fim de tudo e de todos os seres humanos.

> Ò tó 'rù egbé
> Ma sokún omo
> Olórò ma sokún
> Ò tó 'rù egbé
> Ma sokún omo
> Égùn ko gbe eyin o!
> Ekikan ejare
> Àgbà òrìsà ko gbe ni másè
> Ekikan esin enia niyi r'òrun

> Ele alcançou o tempo (de converter-se) no
> *erú egbé* (o carrego que representa o *egbé*).
> Não chore filho.
> Oficiante do rito, não chore.
> Alcançou o tempo (de converter-se) no
> carrego (no representante) do *egbé*
> Não chore, filho.
> Que *Egum* nos proteja a todos!
> Proclamai o que é justo.
> Que *Agbá orixá* (originais) nos proteja a todos!
> Proclamai (que) foi enterrado um dos seus,
> que foi para o *orúm*
>
> (Santos, 1976)

A palavra *egbé* significa comunidade, isto é, o conjunto de todos os adeptos, podendo ainda ser estendido para o conjunto arquitetônico como um todo. Do *egbé* é dito que é o verdadeiro lugar de onde provém o *axé*, tendo, portanto, dupla acepção. A força, *axé*, proveniente do somatório de todas as forças daqueles que compõem a comunidade, como também o *axé* do lugar, emanado de todas as forças, coletivas e individuais, contidas no conjunto das construções que compõem o terreiro. Esta energia não se extingue com a morte, e é agregada ao *egbé* como um todo. Os objetos pessoais; roupas, colares; é que serão quebrados, rasgados, destruídos e despachados, constituindo-se no carrego-da-morte (*Erú Ikú*) ou carrego-de-*Egum* (*Erú Egum*). Essa última palavra passa a designar, genericamente, as almas dos mortos.

Oiá é considerada a mãe de *Egum*, e um dos aspectos que a singulariza é o de ser a mãe de todos os espíritos dos mortos. Um dos mitos a ela relacionado conta que ela teve nove filhos com *Xangô*, sendo que os oito primeiros eram mudos. *Oiá* foi consultar, então, um *Babalaô* que lhe prescreveu sacrifícios e oferendas. "Nasceu então Egun ou Egungun, que não era mudo, mas que só podia falar com voz inumana" (Santos, 1976 : 121).

Suas vestes, que lhe cobrem todo o corpo, estão associadas a uma transgressão que *Egum* cometeu, sendo então castigado por seu pai. Uma história, registrada por Cruz (1995 : 40) conta:

> "*Xangô* era rei, guerreiro e poderoso, temido e respeitado, tanto por seus súditos como por seus inimigos. *Egun* era porém orgulhoso e cheio de ambição, e quis obter para si o prestígio do pai. Para isso, conseguiu surrupiar-lhe as vestes e, usando-as, conseguiu enganar os cortesãos, recebendo em lugar de *Xangô* todas as homenagens e tributos.

NA MINHA CASA

Ao saber do ocorrido, *Xangô* ficou furioso com o filho e quis castigá-lo exemplarmente. Com esta finalidade, invocou *Obaluaiê*, senhor de terríveis doenças deformadoras, e solicitou-lhe a aplicação da pena. *Obaluaiê* enviou para *Egun* uma moléstia que lhe devorou os pêlos, a pele e as carnes, deixando-o com um aspecto horrendo. Envergonhado por sua aparência, *Egun* passou a vestir uma roupa que escondia todo o seu corpo."

Ò dúró, ó Ìkú àiyé,
Ò dúró, Ìkú àiyé
Ìkú l'Opa l'a bàbà,
Ìkú kó máà a kékeré
Ò dúró Ìkú àiyé

Ele ficou morto na Terra,
Ele ficou morto na Terra.
É morto (pelo) *Opa*, o Pai que nos cobre
Morte, não nos leve ainda pequenos (jovens)
Morte, (com ele) fique na Terra.

Ikú, a morte, está associada ao mito da criação do ser humano na Terra. "Quando Olórun (deus supremo) procurava matéria apropriada para criar o ser humano (o homem), todos os ebora partiram em busca da tal matéria. Trouxeram diferentes coisas: mas nenhuma era adequada.

Eles foram buscar lama, mas ela chorou e derramou lágrimas. Nenhum ebora quis tomar da menor parcela. Mas Ikú, Òjégbé-Aláso-Òna, apareceu, apanhou um pouco de lama – eerúpé – e não teve misericórdia de seu pranto. Levou-o a Olódùmarè, que pediu a Òrìsàlá e a Olúgama que o modelassem. E foi ele mesmo quem lhe insuflou seu hálito. Mas Olódùmarè determinou a Ìkú que, por ter sido ele a apanhar a porção de lama, deveria recolocá-la em seu lugar a qualquer momento, e é por isso que Ìkú sempre nos leva de volta para a lama". (Santos, 1976 : 107)

Ikú é um guerreiro e o nome *Opa*, incluído no texto, é um cetro cerimonial, considerado uma arma, e colocar-se sob a sua proteção é tentar evitar a morte prematura. Geralmente, nas rezas em que este nome aparece, é uma súplica a *Egungum*, isto é, aos ancestrais veneráveis, que também possuem o privilégio de ser portadores do opa.

> *Àwúre E wá l'àyá*
> *Òrò omon yìí sé*
> *Ìkú lè máà àwa iyà*
> *Orò omon yìí sé*
> *Àwúre E èyè kí l'omo rè*
> *Okun kún yè ba lè*
> *K'ó máà l'àyà*
> *Orò omon yìí sé*

Abençoe e venha estar conosco (em nosso peito)
Culto tradicional estes filhos vos fazem.
Morte, fique na Terra, não nos castigue.
Culto tradicional estes filhos vos fazem.
Abençoai-nos, prestamo-vos respeitos
cumprimentando-vos,
Somos vossos filhos.
Força da vida que retorna à Terra,
Que permaneçais conosco (em nosso peito)
Culto tradicional estes filhos vos fazem.

É inconcebível não prestar as últimas homenagens a um iniciado. A tradição impõe este dever àqueles que ficaram, pois além de injusto, tornar-se-ia um perigo que atingiria a comunidade a ausência do ritual fúnebre. Tudo deve estar de acordo com o mito em que a vida deve retornar à Terra, devolvendo-se à lama original o ser humano.

Iku o!
Iku o gbe lo
O gbe, dide k'o jo
Eku O!
Òdigbōse O!

TIPOLOGIA

> Oh! Morte,
> Morte o levou consigo
> Ele partiu, levantem-se e dancem
> Nós o saudamos
> Adeus!

O texto poético da prece fala da partida para o *orúm*, e os que ficam saúdam, dançam e cantam, e dizem adeus àquele que foi ao encontro da força coletiva que é *Olorúm*, o grande criador da vida e da morte.

Prandi (2000 : 174) mostra as diferentes concepções sobre os rituais da morte, como também as mudanças sofridas pelos ritos funerários, através dos tempos. Discute, além disso, a obrigação e custos que os vivos obrigatoriamente terão frente a morte.

Laudatórias

Um dos aspectos que caracterizam as preces dedicadas aos *orixás* e ancestrais é o aspecto de louvor destinadas a distinguir seus feitos, decantar suas cidades e cultos especiais e também enaltecer suas peculiaridades simbólicas. A relação com os elementos naturais, bem como as alianças políticas são temário constante dos textos sagrados. As rezas de *Oxum* são um bom exemplo dessas características que enaltecem os pertencentes do mundo extraordinário dos deuses.

Omo ráhùn ó mama yo
Ìyá omi ní ibú ténumó ní ó
Ìyá e njí a ki soro
Bó'mo àsé
Ìyá e njí ìyáàgbà omi 'rò
Egbé ri e tè ri k'odò

Os filhos murmuram, ela realmente livra dos perigos
Mãe das águas profundas asseguro, ela é
Mãe, você acorda nós a saudamos falando
Cubra os filhos com *axé*
Mãe, você acorda, venerável anciã das águas sagradas
A comunidade vê você caminhar com leveza

Ìyá ó mama
Agbédè ténumó ní ó
Ìyá omi sòròkè
Mama a á só
E njí, e Òsún àbódo
Egbé ri e tè ri k'odò

TIPOLOGIA

Mò rere Olugbàje mò ní ó
Òde l'odò
Mò rere k'omo á só
K'omo a á só
Ìyá 'mo dé e se we òde l'odò

Ó Mãe, realmente
Talentosa, asseguro, ela é
Mãe das águas do alto da montanha
Que certamente nos purificará
Quando acorda, você *Oxum* recebe as
oferendas (pudim de milho) e vê a saudação ao rio
A comunidade vê você caminhar com leveza
Conhece bem o Senhor que aceita comer, e o reconhece
À margem do rio
Conhece bem a saudação dos filhos e os purificará
Saúda os filhos e os lavará
Mãe, os filhos chegam para vê-la nadar na beira do rio

Ìyá ó mama
Òsún Ìjimú tenumó ní ó
Ìyá 'mo e sórò k'omo á só
Ìyá 'mo e sórò
E njí e Òsún omi 'rò
Egbé ri e tè ri k'odò
Ndé wa lê ìyá mi 'mo rora
E u, e u òkè odò dé á fí légé
Ó "fídéríomon" ìyá àbò ojó ilé

NA MINHA CASA

Oh Mãe realmente!
Oxum, a cidade de *Ijimú* afirma que ela é
Mãe dos filhos, e ela é sagrada
Ela desperta, ela é *Oxum* das águas sagradas
A comunidade a vê caminhar com leveza, e saúdam o rio
Chegando à nossa casa a minha mãe zelosa,
Você é ela, você é caçadora, acima do rio chegará,
tornando-se traiçoeira
Mãe que cuida muito bem dos filhos.
Mãe, faça cair a chuva sobre a casa.

Ní Òsún mama
Ní Òsún mama
Òsún táni bòmirò, bòmirò
Mama ìsòrun
Mama ìsòrun
E njí e n ayaba
Ki bò mirodò, ikojó

É *Oxum* realmente,
É *Oxum* realmente!
Oxum, quem derrama água sagrada, derrama
água sagrada
Realmente dizem do *orúm*,
Realmente dizem do *orúm*,
É aquela que desperta, aquela que é a rainha,
Quem derrama água sagrada, represando-a.

TIPOLOGIA

Durante as festas das *Iabás*, isto é, das grandes mães, ou naquela em que somente ela é saudada, as preces dedicadas a *Oxum* ressoam melodiosamente no terreiro. Geralmente são entoadas antes de serem depositados nos rios os grandes balaios, cheios de ofertas e presentes que serão a ela ofertados. São bolos, espelhos, pentes, perfumes, todos apetrechos para manter a beleza e demonstrar respeito e apreço para *Oxum*, considerada a mais linda entre as belas deusas.

Uma de suas rezas fala daquele que aceita comer, numa alusão a *Obaluaiê* que transforma as pedras das margens dos rios em *otás*, a morada dos deuses. O *Olubajé*, festa dedicada a este *orixá*, significa, exatamente, "aquele que aceita comer" (Pessoa de Barros, 2000(a))

Na África, as oferendas ocorriam nos rios, especialmente no rio *Oxum*, em um belo festival do qual participava como oficiante o próprio *Ataojá* (rei de *Oxogbô*) que fizera com a deusa um pacto que a cada ano se renovava (Verger, 1997 : 175).

Beniste (1997 : 86) informa, ainda, que "as citações de expressões conhecidas de Òsún, por exemplo, como Ipòndá, Ipetú e Ijumu, referem-se às cidades com o mesmo nome e onde Òsún é cultuada sob formas diferentes, recebendo, assim, como cognome, o nome dessas cidades".

Uma das rezas fala de *Ijimú*, cidade que realiza um grandioso festival a ela dedicado, passando a qualificar a festa e a deusa dos rios, que recebe, então, o nome local de *Ieiejimú*, o mesmo acontecendo na cidade de *Ipondá*, onde é chamada de *Ieiepondá*. Este prefixo, *ieie*, associa a venerável anciã dos rios às grandes-mães ancestrais, *Iami*, detentora do poder dos grandes pássaros, venerada em inúmeras associações secretas femininas, não só na África como também no Brasil.

Ao entardecer, antes das luzes serem acesas, a reza abaixo, como um lamento, saúda e solicita às grandes-mães, as senhoras dos pássaros, um repouso tranqüilo e um despertar pleno de alegrias. As ancestrais femininas são temidas, é necessário agradá-las, tornando-as sensíveis ao apelo dos seres humanos.

Ó Ìyá mi, Ìyá mi lókè ló bí ewà
Ó Ìyá mi, Ìyá mi lókè ló bí ewà
Wò dùn dónwò jí ire
Ó Ìyá mi, Ìyá mi lókè ló bí ewà

Ó minha mãe, minha mãe das alturas, que nasce da beleza.
Ó minha mãe, minha mãe das alturas, que nasce da beleza.
Olhe com carinho e tente acordar-nos felizes.
Ó minha mãe, minha mãe das alturas, que nasce da beleza.

Oxum é considerada a grande-mãe, zeladora de todas as crianças, desde o ventre até começarem a falar. A ela se recorre para evitar os abortos, ter um bom parto e saúde para os nascituros. A umidade é um dos aspectos relacionados às grandes-mães e a fertilidade é sempre a ela requisitada. As águas doces, de rios, lagoas, cascatas, fontes e, muitas vezes, as chuvas, são consideradas como seu *locus* simbólico. Em suas águas ocorrem os banhos purificadores antes das iniciações como também da limpeza ritual daqueles que sentem-se afligidos pelo feitiço.

No Brasil, a festa conhecida como "Balaio da *Oxum*" relembra o acordo firmado entre os homens e a grande-mãe, que alguns cânticos associam o murmurar dos rios ao barulho de suas pulseiras de cobre ou de ouro. Sua relação com a riqueza associa suas vestes rituais ao dourado, e sua dança, sempre realizada com leveza, não esconde o seu ar altivo e ao mesmo tempo complacente, sempre decantado pelos seus adoradores.

NA MINHA CASA

Os trechos caudalosos dos rios, ou as águas revoltas de suas cabeceiras, são locais preferenciais onde as oferendas à mãe das águas são depositadas, tendo as suas águas momentaneamente represadas para que seus filhos, viajantes ou pescadores, possam passar sem perigo. Outros, entretanto, lembram que são os trechos calmos, tranqüilos e profundos, tão perigosos quanto o seu aspecto turbulento, a sua morada predileta.

Jókó, jókó, jókó nílé.
Jókó Ìrokò,
Aganjú, Dada l'ònà báàyìí rò ko já.
Ògún wà róko
Já-m-bá, já-m-bá.
Abèbè n kòhun kò pa bèrù
Abèbè n kòhun.
Àwúre, àwúre, àwúre nílé, àwúre Ìroko
Aganjú, Dada l'ònà.

Plantar, assentar, assentar na casa,
Plantar *Irokô*
Aganjú, Dadá no caminho, assim como era
no culto tradicional
Ogum está na fazenda.
Com o corpo ferido, com o corpo ferido.

TIPOLOGIA

O leque das mães, não aterroriza.
Nos dêem boa sorte, boa sorte, boa sorte na casa,
Boa sorte ao ficar na fazenda com
Aganjú e *Dadá* no caminho.

Esta reza é dedicada a vários *orixás*. Dela constam *Aganjú* e *Dadá*, pertencentes à dinastia dos deuses de *Oió*. Ambos considerados como ancestres *iorubás* e também dos que chegaram por meio da diáspora negra, e que cultuam *Xangô*. *Irokô* está associado ao culto das árvores, considerado como mais antigo que o dos *orixás*.

Ogum aparece em sua forma guerreira com o corpo ferido pelas lutas, em oposição ao leque das *iabás*, as grandes-mães, relacionado a paz. A todos pede-se proteção no caminho, boa sorte e permanência tranqüila em casa.

A casa *nagô* é fruto de encontro no exílio, lugar de intimidade e comunhão, e onde permanece guardada a memória de ancestres e *orixás*. Conforme alguns afirmam, "a casa dos meus pais, filhos e amigos". A paz almejada e conquistada não foi uma doação, é conseqüência da luta que ainda não terminou... venceu-se a denegação... resta, ainda, a exclusão.

NA MINHA CASA

Local onde se comemora descendência e tradição e, vivenciar esta dupla instância, é aprender a difícil tarefa de viver em comunidade, respeitar a diferença e partilhar a certeza do caminho que só o coletivo conduz. Iluminar a incerteza, pelos exemplos contidos nos textos e cânticos das preces, sem a noção de sina, e onde a luta substitui o desígnio.

Vivenciar a metáfora da casa é relativizar o absoluto, e experimentar a complementariedade dos seres, dos deuses e do poder. Caminho possível contra a intolerância, o desmando e a injustiça, e descobrir que prazer, beleza e orgulho das origens não são incompatíveis com o sagrado, convivendo em harmonia... NA MINHA CASA...

GLOSSÁRIO

ABORÓS – Vide **Iabás**.

ADÊ – Coroa feita em metal ou tecido bordado com contas, búzios, vidrilhos e outros materiais. Geralmente arrematado por um laço em sua parte posterior. Em sua frente é bordada uma franja que cobre o rosto do *orixá*, confeccionada com missangas nas cores próprias de cada um deles, passando a ter o nome de *Filá*.

ADJÁ – Sineta de metal, composta de uma ou mais campânulas, utilizada pelos sacerdotes para invocar os *orixás*. Seu som é considerado como possuidor de grande força (*axé*). O mesmo que *ajarim*.

AGANJU – Filho do *Alafim Ajaká*. Considerado como o primeiro *Obá* histórico.

AGOGÔ – Instrumento musical composto de duas campânulas, geralmente de ferro, percutido por uma haste de metal. As campânulas são de diferentes tamanhos, produzindo sons diversos e são unidas por um arco soldado em suas pontas.

AJAKÁ – Considerado como o terceiro *Alafim Oió*, sendo governante antes e depois de seu irmão, *Xangô*.

ACORÔ – Capacete ou gorro usado pelos dignatários ou *orixás*.

ALÁ – Pano branco usado ritualmente como pálio para dignificar os *orixás* primordiais. Geralmente feito de morim.

GLOSSÁRIO

ALABÊ – Título que designa o chefe da orquestra dos atabaques, encarregado de entoar os cânticos das distintas divindades. Pertence à categoria dos *ogãs*, isto é, de homens que não entram em transe, cuja função corresponde a uma das divisões de trabalho mais prestigiadas dentro da comunidade-terreiro. Seu correspondente feminino é chamado de *Iatabexé*, porém não toca os atabaques.

ALAFIM – Título dado aos reis de *Oió*, significando "companheiros dos deuses". Do iorubá *aláàfin* – dono do palácio.

ALGUIDAR – Vasilha de barro de vários tamanhos, muito usada nos terreiros como recipiente das comidas-de-santo ou votivas. Pode conter também os assentamentos de alguns *orixás*.

ALUJÁ – Ritmo consagrado a *Xangô*, podendo se apresentar como instrumental, neste caso com caráter invocatório, ou ainda apresentar textos laudatórios a este *orixá*.

AQUIDAVIS – Nome dado nos Candomblés *Ketu* e *Jêje* às baquetas feitas de pedaços de galhos de goiabeiras ou araçazeiros, que servem para percutir os atabaques.

ARÔS – Chifres de boi ou búfalo polidos e ornados nas extremidades com metal. Geralmente é preso por correntes que envolvem o tronco até a cintura. Pode ser utilizado pelos caçadores, contendo pólvora.

ATABAQUES – Trio de instrumentos de percussão semelhantes a tambores que orquestram os ritos do Candomblé. Apresentam-se em registros grave, médio e agudo, sendo chamados respectivamente *Rum*, *Rumpi* e *Lé* (ou ***Runlé***). Nos Candomblés Angola são chamados de Angombas. Sua utilização, no âmbito das cerimônias, cabe a especialistas rituais chamados *alabês*.

AVAMUNHA – Ritmo acelerado, sincopado e que marca o início e o término das cerimônias religiosas. Pode chamar-se ainda *avania*, *avaninha*, rebate ou arrebate.

AXÉ – Do *iorubá àsé*, força dinâmica das divindades, poder de realização, objetos em locais sagrados, elementos da Natureza, partes dos animais, plantas e determinados minerais. Existem outras acepções, vide nota 12.

GLOSSÁRIO

BABALAÔ – Sacerdote encarregado dos procedimentos divinatórios, mediante o *opelê* de *Ifá* ou rosário de *Ifá*. No Brasil, os adivinhos são chamados de *Oluô* e dominam a técnica divinatória, executada por meio dos búzios. Os últimos *babalaôs* desapareceram no Brasil por volta de 1960.

BÚZIOS – Pequena concha branco-amarelada de forma oval, tendo, de um lado, uma saliência ou fenda natural, de outro, a forma arredondada é serrilhada para dar-lhe uma linha plana. São várias as utilidades ritualísticas dessa concha univalva: servem como enfeites, bordados em roupas e muitos outros adereços de que se vestem os *orixás*. São também parte importante dos assentamentos dos deuses. São indispensáveis nos jogos divinatórios, quando são encarregados por meio de suas "caídas" ou configurações (parte natural ou serrilhada voltada para cima) de decifrar a vontade dos deuses e ancestrais. É o jogo do *DILOGUM*, cujo patrono é *Exu*. Significam, tanto na África quanto no Brasil, riqueza; em *iorubá*, *Eyó*.

CABAÇA – Fruto do cabaceiro – *Cucurbita lagenaria l.*, ou *Lagenaria vulgaris l.* – Cucurbitacea, e outras espécies. Seca, e após retirar-se seu conteúdo, a casca endurecida é empregada de diversas formas nos cultos afro-brasileiros. Fechada, com o pescoço longo e com pedrinhas (sementes) em seu interior é o *xere* de *Xangô*. A mesma espécie ainda com pescoço, quando tem a sua casca recoberta com fios entrelaçados de semente de lágrimas de nossa-senhora, torna-se um instrumento musical. Cortada ao meio, decorada ou não, serve como recipiente para comidas e bebidas rituais ou ainda como vasilha para os banhos lustrais. Quando pequeninas, servem de insígnia a *Obaluaiê* em suas vestes, podendo ser vistas também penduradas em seu cetro – *xaxará*. Podem ser encontradas também atadas ao *Ogó* de *Exu* (seu emblema fálico). As cabacinhas também podem ser bordadas com fios de palha-da-costa e destinadas a *Obaluaiê*, *Ossaim*, *Nanã*, *Oxumarê* e *Exu*.

CASA DE CANDOMBLÉ – Vide Terreiro

CASA DOS ORIXÁS – Construções destinadas ao culto e guarda dos assentamentos dos filhos-de-santo ou iniciados. Diz-se "casa de *Obaluaiê*", *Ogum*, etc.

CONQUÉN – Também chamada *etú*. Nomes litúrgicos da galinha d'Angola.

GLOSSÁRIO

EBOMI – Categoria de idade iniciática, relacionada aos seniores, significando "meu mais velho".

EGUM – Nome genérico dos espíritos dos mortos.

EGUNGUM – Espíritos dos ancestrais, cultuado especialmente em "terreiros" situados na ilha de Itaparica, na Bahia. Este culto também é encontrado no Rio de Janeiro.

EQUÉDE – Cargo honorífico circunscrito às mulheres que servem aos *orixás* sem, entretanto, serem por eles possuídas. É o equivalente feminino de *ogã*.

EXU – Primogênito da criação. Também conhecido como *Elebara* ou *Lebara*. Dizem que é capaz de provocar calamidades públicas, desentendimentos e brigas, quando não lhes são dedicados os ritos propiciatórios do *Padê*, ou quando provocado. Mensageiro dos *orixás* e portador de todas as oferendas. Guardião dos mercados, templos, casas e cidades. Ensinou aos homens a arte divinatória por meio dos búzios para melhor comunicar-se com eles. Seu dia é segunda-feira. Suas cores são o vermelho e o preto e sua saudação é *Laroiê*!

NA MINHA CASA

FIO-DE-CONTAS – Nome dado, no Candomblé, aos colares rituais, nas cores dos *orixás*. Quando o colar tem 16 fios é dito *dilogum*, sendo arrematado com uma "firma"(conta cilíndrica) do *orixá*.

IABÁS – Nome genérico para designar as "senhoras das águas" ou *orixás* femininos das águas. Os *orixás* masculinos são chamados *Aborôs*.

IALORIXÁ – Sacerdotisa principal de uma casa-de-santo. Grau hierárquico mais elevado do corpo sacerdotal, a quem cabe a distribuição de todas as funções especializadas do culto. É mediadora entre os homens e os *orixás*. O equivalente masculino é denominado *babalorixá*. Na linguagem popular, são consagrados os termos pai e mãe-de-santo.

IAÔ – Termo que designa o noviço após a fase ritual da reclusão iniciática. Em *iorubá*, significa "esposa".

IEMANJÁ – *Orixá* dos rios, especialmente do rio *Ogum*, na África. Filha de *Oxalá* e *Olocum* (deusa do mar). Casada com *Oraniã* e algumas vezes considerada como esposa de *Oxalá*. Usa o *abebé* (leque) prateado. Seu dia é sábado. Seus colares são de contas brancas transparentes. Seu nome significa em *iorubá*, mãe dos peixinhos. Saudação: *Odoiá*!

GLOSSÁRIO

IFÉ – Uma das principais cidades iorubanas, considerada como a mais antiga, berço das instituições políticas e religiosas desse povo.

IJEXÁ – O nome refere-se a uma região iorubana, ou ainda, a um ritmo específico, provavelmente proveniente dessa localidade. No Brasil possui, ainda, a acepção de nome de uma das nações em que se subdividiam os *nagôs*.

ILÊ – Vide Terreiro.

JÊJE – Vide Nação.

JÊJE-NAGÔ – Complexo originado do sincretismo religioso entre os *Fom* e *Iorubás*. Vide Nação.

KETU – Cidade localizada no *Benim* e *Oxóssi* é considerado como rei desta cidade. Vide *Oxóssi*.

KORIM-EWÊ – Ritmo *iorubá*, etmologicamente significa *korim* – canto, mais *ewê* – folha; isto é, cântico das folhas, como são chamadas as espécies vegetais nas comunidades-terreiro. Pode ser conhecido, também, com o nome de "*Aguerê* de **Ossaim**".

LÉ – O menor dos atabaques, utilizado nas cerimônias afro-brasileiras. Significa "pequeno" em *iorubá*. Tem o som mais agudo.

NAÇÃO – Designa, no Brasil, os grupos que cultuam divindades provenientes da mesma etnia africana, ou do mesmo subgrupo étnico. Ex.: *nagô* – língua *iorubá* proveniente da Nigéria; *jêje* – língua *fom*, proveniente do antigo *Daomé*, hoje Nigéria, etc.

NAGÔ – Vide Nação.

OBÁ – Título genérico dado aos governantes *iorubás*, podendo significar, ainda, o nome do *orixá* feminino, considerado como a terceira esposa de *Xangô*.

OBALUAIÊ – É a "forma" jovem de *Xapanã*, do qual *Omolu* é a "forma" velha. Divindade da varíola e das moléstias infecto-contagiosas e epidêmicas, consta como filho de *Nanã*, criado por *Iemanjá* e, portanto, irmão de *Oxumarê*. Veste-se todo de palha, com o que cobre as suas ulcerações. Sua saudação – "*Atotô*" significa "Calma"! Também possui o título de "*Onilé*" e *Sapatá*. Em outras regiões do Brasil, pode chamar-se "*Abaluaiê*" ou ainda "*Obaluaiê*" – em *iorubá*, *Obá* –rei; *olú* – dono; *ayê* – mundo. Seu dia consagrado é segunda-feira e suas cores são branco, vermelho e preto.

GLOSSÁRIO

ODUDUA – Herói lendário a quem é atribuída a fundação de *Ifé*, e é considerado como fundador de diversas dinastias iorubanas.

OGÃ – Título onorífico conferido pelo chefe do terreiro ou por um *orixá*, aos que contribuem para o prestígio, poder e proteção da casa-de-santo. Esse tipo de titulatura admite uma série de especificações que abrangem desde cargos administrativos até funções rituais. Tal como as *equédes*, os *ogãs* não são passíveis de transe.

OGUM – *Orixá* nacional *iorubá*, filho de *Iemanjá* e *Oraniã* ou ainda *Odudua*. É o Deus do ferro, da agricultura, da guerra, da caça. Protetor dos artesãos e dos que trabalham com ferro. Em *iorubá*, *ògún*. Dia consagrado, terça-feira e suas cores são verde e azul-rei.

OIÁ – Divindade das tempestades e do rio Níger, mulher de *Ogum*, e depois de *Xangô*. Relacionada com os vendavais, os raios e os trovões. Seu dia da semana é quarta-feira. Suas insígnias são a espada e o espanta-moscas de crinas de cavalo. Suas cores são o vermelho-escuro e o marrom. Considerada a mãe dos *eguns*, é a única a dominá-los. Saudação: *Ê parrei!*

OIÓ – Um dos principais reinos *iorubás*, principal centro difusor da cultura de *Ifé* e do povo *iorubá*.

OJÁ – Faixa longa usada principalmente como turbante. Pode envolver também o busto, terminando num laço, ou ainda amarrada, com este mesmo formato ao redor dos atabaques. Quando encontrada envolvendo o tronco de árvores sagradas, possui a mesma denominação, podendo variar, em todos os casos, em sua cor, dependendo das cerimônias públicas.

OLOKUM – Nos mitos *iorubás*, *Olokum* é um deusa do mar, esposa de *Odudua*. Uma versão masculina também é conhecida onde este *orixá* aparece como protetor dos que vivem do mar. Não possui culto especial no Brasil, embora os cânticos e os mitos ainda celebrem sua memória.

OLUBAJÉ – Cerimônia pública em honra a *Obaluaiê*, *Sapatá*, *Omolu*, *Onilé* e *Xapanã*. Esta festa acontece em agosto ou em sua proximidade.

OMOLU – Vide *Obaluaiê*

ONILÉ – Vide *Obaluaiê*

GLOSSÁRIO

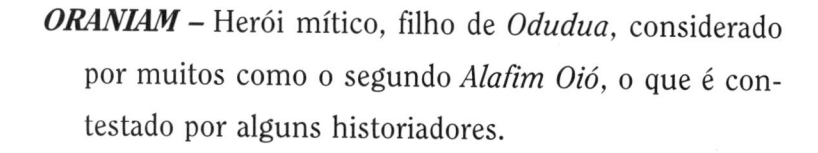

ORANIAM – Herói mítico, filho de *Odudua*, considerado por muitos como o segundo *Alafim Oió*, o que é contestado por alguns historiadores.

ORIXÁS – Divindades *iorubá* cultuadas nos candomblés, **Xangôs**, batuques, umbandas, isto é, nas religiões de matriz africana no Brasil. Seu equivalente *Fom* é *Vodum*, em Angola é *Inquice*. São antigos reis ou heróis divinizados e considerados como representações das forças da Natureza. São também chamados de "santos".

OSSAIM – *Orixá* das folhas litúrgicas e medicinais, considerado "*orixá* da medicina". Dia da semana, quinta-feira e sua saudação é *Euê-ô*!

OXALÁ – Este é o nome pelo qual se conhece, no Brasil, *Obatalá* (o senhor do Pano Branco) e significa "o grande *orixá*". Filho de *Olorum*, foi encarregado por este de criar o mundo e os homens. Nesta última condição é portador dos títulos de *Àjala*, *Ajalamo* e *Alá-morerê*. Apresenta-se ora como um jovem guerreiro, simbolizado pelo arrebol – *Oxaguiã*; ora como um velho, curvado ao peso dos anos, simbolizado pelo sol poente – *Oxalufã*. Suas insígnias, em prata lavrada ou metal prateado, são, respectivamente, ora a espada e o pilão, ora o *opaxorô* – um bastão com aros superpostos, adornados de pingentes, encimados por um pássaro (em geral uma pomba) – símbolo do poder. Sua cor heráldica é o branco e seu dia é sexta-feira. A ele se dedica a grande festa popular da "lavagem do Bonfim". Saudação: *Epa Epa Babá*!

OXÊ – Bastão cerimonial utilizado por *Xangô*, sob a forma de um machado duplo. Pode ser encontrado feito de madeira, neste caso, considerado como mais tradicional, ou ainda, de metal. Do *iorubá osé* – haste.

OXÓSSI – *Orixá* da caça, protetor dos caçadores, filho de *Iemanjá*. Também chamado de *Odé* (caçador). É considerado o pai mítico de *Logunedé*. Também tem o título de "rei de *Ketu*". Sua cor principal é o azul-turquesa e o dia consagrado é quinta-feira.

OXUM – Divindade das águas, em particular do rio *Oxum* na Nigéria. É a segunda esposa de *Xangô*, mas foi casada também com *Ogum* e *Oxóssi*. Deste último casamento nasceu *Logunedé*. Seus símbolos são o leque dourado e a espada. É pois uma *iabá* que se caracteriza pela coqueteria, gostando de enfeites e jóias de ouro

GLOSSÁRIO

(ou níquel). Tem o título de *Ialodê* – chefe das mulheres do mercado. É a rainha de *Oxobô* e *Oió*. Seus colares são de contas amarelo-douradas translúcidas. Saudação: *Oraiê iê ô*! Seu dia é sábado.

OXUMARÊ – Costuma ser identificado com o arco-íris e com a serpente. Representa a continuidade, o movimento e a eternidade. No Brasil é considerado irmão de *Obaluaiê* e filho de *Nanã*, possivelmente em virtude de sua origem *daomeana*. Dele se diz que é o rei de *Jêje*. Seu símbolo são as duas cobras que leva nas mãos quando dança, sendo uma masculina e a outra feminina, alusão ao seu caráter duplo de macho e fêmea. Dia consagrado: terça-feira. Colares de contas verdes e amarelas listradas. Saudação: *Arroboboi*!

PADÊ – Rito realizado no início das cerimônias de Candomblé em homenagem a *Exu*, considerado como propiciatório, pois as primícias sacrificiais devem caber àquele que é, além de primogênito da criação, o portador titular de qualquer oferenda. O seu não cumprimento é visto como implicando perturbação de toda ordem. Em *iorubá* significa "encontrar com" ou "reunião" – *Pàde*.

PANO-DA-COSTA – Também chamado *Alacá*. Pano retangular, listrado em cores vivas, liso, bordado ou rendado. Faz parte do traje da baiana, e é adotado como roupa ritual das filhas-de-santo do Candomblé. Na época colonial, eram importados da África, sendo fiados e tecidos a mão. Na rua, a baiana o usa como xale, com uma ponta jogada sobre o ombro, cobrindo os colares. Pode ainda ser dobrado, pendurado no braço ou ombro. As *iaôs* usam-no amarrado ou enrolado sobre os seios; pode, às vezes, ser preso ao redor da cintura. Atualmente existem poucos artesãos capazes de tecê-los em tear em sua forma tradicional.

PAÓ – Palmas utilizadas como comunicação, quando as palavras não podem ser usadas; ou ainda tem o sentido de saudação aos *orixás*, isto é, uma espécie de aplauso.

POSTE CENTRAL – Construção que apóia a cumeeira do barracão, nas Casas-de-Candomblé. É considerado como o ponto central, onde se encontram os elementos religiosos relativos à fundação de cada uma das comunidades, também denominado *axé*.

GLOSSÁRIO

QUARTINHA – Vasilha de barro onde são colocados água e outros elementos próprios aos rituais ligados aos *orixás*, *inquices* e *voduns*. Geralmente são depositadas dentro dos *Ilês Orixás*.

ROÇA – Vide Terreiro.

RONCÓ* OU *RUNCÓ – Aposento destinado à reclusão dos iniciados.

SAPATÁ – Vide *Obaluaiê*.

TERREIRO – Pode chamar-se também *Ilê*, Casa-de-Santo, Roça e *Abaçá*.

XANGÔ – *Orixá* nacional *iorubá*. Deus do raio e do trovão, filho de *Iemanjá* e *Oraniam*. Fundador mítico da cidade de *Oió*. No Brasil, é considerado como filho de *Oxalá*. Suas esposas míticas são *Oxum*, *Obá* e *Iansã / Oiá*. Seu dia consagrado é quarta-feira e sua saudação é *Caô-Cabieci*!

XAPANÃ – Vide *Obaluaiê*.

XERE – Instrumento musical utilizado no culto a *Xangô*. Geralmente é composto de uma cabaça de pescoço longo, cheia de sementes ou pedras que, quando agitada, produz um som semelhante ao dos chocalhos. Pode ser, ainda, produzida em metal prateado ou de cor cobre. É utilizada para saudar e invocar o deus do fogo.

XIRÊ – Conjunto de danças cerimoniais em que ocorrem distintos ritmos, cânticos e estilos coreográficos.

ÍNDICE EXPLICATIVO DAS ILUSTRAÇÕES

Pág. 7 — Galinha d'Angola liturgicamente chamada etu e conquém.

Pág. 9 — Ogum, rei de Irê. Orixá do ferro, da guerra e da agricultura.

Pág. 15 — Xangô, terceiro alafim de Oió. Orixá do fogo, dos raios, protetor dos injustiçados.

NA MINHA CASA

Pág. 21 — Representação popular de Exu, mensageiro dos orixás, geralmente em ferro.

Pág. 23 — Coleta e maceração das folhas sagradas.

Pág. 25 — Consulta ao oráculo. Jogo de búzios.

Pág. 26 — Distribuição espacial das casas dos orixás e do barracão em um terreiro.

Pág. 28 — Engenho Velho – Ilê Iá Nassô, considerada a primeira casa de Candomblé da Bahia.

Pág. 29 — Quartinha. Recipiente que contém as águas lustrais.

Pág. 43 — Prece a Oxóssi, o caçador.

Pág. 46 — Prece coletiva aos orixás e ancestrais.

ÍNDICE EXPLICATIVO DAS ILUSTRAÇÕES

Pág. 54 — Xeri – machado de Xangô.

Pág. 55 — Padê – ritual de louvação a Exu e aos ancestrais.

Pág. 57 — Abaluaiê – orixá da vida e da morte.

Pág. 58 — Barracão – recinto público onde ocorrem as festas dedicadas aos orixás e aos ancestrais.

Pág. 108 — Árvore sagrada sempre distinguida pelo ojá – laço branco que a envolve.

Pág. 109 — Os tambores sagrados rum, rumpi e lé.

Pág. 126 — Coqueiro cujo fruto é amplamente utilizado na culinária afro-brasileira.

Pág. 127 — Orquestra de atabaques.

REFERÊNCIAS BIBLIOGRÁFICAS

ABIMBOLÁ, W. *The Yoruba traditional religion in Brazil, problems and prospects*. Seminar, Dept. African Language and Literature, University of Ifé, Ilê ifé, 1976, (mimeo).

ABRAHAM, R. C. *Dictionary of modern Yoruba*. Hodder and Stoughton Ltd., Grã Bretanha, 1981.

AQUINO, P.; **PESSOA DE BARROS**, J. F. Leurs noms d'Afrique en terre d'Amerique. In: *Nouvelle Revue d'Ethnopsychiatrie: Petit Manuel de Psychotherapie des Migrants*, Paris, Grenoble, La Pensée Sauvage, 1997.

REFERÊNCIAS BIBLIOGRÁFICAS

AWOLALU, J. O. *Yoruba beliefs and sacrifitial rites*. Longman House, Essex, Inglaterra, 1979.

BA, A. Hampate. A tradição viva. In: *História geral da África*. Paris / São Paulo, UNESCO / Ática, 1982.

BASTIDE, R. *O Candomblé da Bahia (Rito Nagô)*. São Paulo, Cia. Ed. Nacional, v. 313, Coleção Brasiliana, 1978.

BEATA DE YEMONJÁ, Mãe. *Caroço de dendê, a sabedoria dos terreiros: como Ialorixás e Babalorixás passam conhecimentos a seus filhos*. Rio de Janeiro, Pallas, 1997.

BENISTE, J. *Orun Aiye – O encontro de dois mundos*. Bertrand Brasil, Rio de Janeiro, 1997.

BERRAGUE, G. Correntes regionais e nacionais na música do Candomblé baiano. In: *Revista Afro-Ásia* nº 12. Centro de Estudos Afro-Orientais da Universidade Federal da Bahia, Salvador, 1976.

BIOBAKU, S. O. *Sources of yoruba history*. Oxford, 1973.

BRAGA, J. *Na gamela do Feitiço: Repressão e resistência nos Candomblés da Bahia*. Salvador, EDUFBA, 1995.

BRINTON. *Religions of Primitive Peoples*. Oxford, 1940.

CACCIATORE, O. G. *Dicionário de cultos afro-brasileiros*. Rio de Janeiro, Forense Universitária / SEEC – RJ, 1977.

CAPINAM, M. B. e **RIBEIRO**, O. A Coroa de Xangô no Terreiro da Casa Grande. In: *Revista do Patrimônio Histórico e Artístico Nacional*. Número 21, Rio de Janeiro, 1986.

CARNEIRO, E. Xangô. In: *Novos Estudos Afro-Brasileiros*. Rio de Janeiro, Civilização Brasileira, 1937.

CARNEIRO, E. *Candomblés da Bahia*. Ed. Civilização Brasileira, Rio de Janeiro, 1978.

CARVALHO, C. D. *História da Cidade do Rio de Janeiro*. Secretaria Municipal de Cultura, DGGIC, Rio de Janeiro, 1988.

CARVALHO, J. J. *Cantos Sagrados do Xangô do Recife*. Fundação Cultural Palmares, Brasília, 1993.

CASSIRER, E. *Linguagem e Mito*. Ed. Perspectiva, Debates, 3ª Edição, São Paulo.

COOSARD-BINON, G. A filha-de-santo. In: *Olóòrisá*. São Paulo, Ed. Ágora, 1981.

REFERÊNCIAS BIBLIOGRÁFICAS

COSTA LIMA, V. Os Obás de Xangô. In: *Revista Afro-Ásia* nº 2 / 3, Centro de Estudos Afro-Orientais, Bahia, 1966.

COSTA LIMA, V. *Encontro de Nações-de-Candomblé*. Ed. Ianamá / UFBA, Série Estudos / Documentos, nº 10, Salvador, Bahia, 1984.

CRUZ, R. R. Carrego de Egun. Contribuição aos estudos do rito mortuário no candomblé. Rio de Janeiro (dissertação de mestrado apresentada ao Programa de Pós-Graduação em Antropologia Social do Museu Nacional da Universidade Federal do Rio de Janeiro), 1995.

CUNHA, M. C. da. Etnicidade: da cultura residual mas irredutível. In: *Antropologia do Brasil*. Brasiliense / EDUSP, São Paulo, 1986.

d'ADESKI, J. Acesso diferenciado dos modos de representação afro-brasileira no espaço público. In: *Revista do Patrimônio Histórico e Artístico Nacional*, nº 25. Rio de Janeiro, 1997.

DA MATTA, R. *O que faz o brasil, Brasil?*. Ed. Rocco, Rio de Janeiro, 1986.

DEVEREUX, G. *De l'angoisse à la méthode*. Paris, Flammarion, 1967.

Dictionary of the Yoruba Language. Oxford University Press, Londres / Ibadan, 1976, (Não consta o nome do autor ou organizador).

DOUGLAS, M. Les Structures du Culinaire. In: *Communications* nº 31, SEUIL, Paris, 1979.

GARCIA, R. Vocabulário Nagô. In: *Estudos Afro-Brasileiros*. Editora Massangana / FUNDAJ, Recife, 1988.

GEERTZ, C. *A Interpretação das Culturas*. Zahar Editores, Rio de Janeiro, 1978.

GOMES, F. S. História, Protestos e Cultura. Políticas no Brasil Escravagista. In: *Escravidão, ofícios de liberdade*. Coleção Ensaios, Rio de Janeiro, Arquivo Público do Estado do Rio de Janeiro – APERJ, 1998.

GONDAR, J. O Esquecimento como crise do Social. In: *Memória Social e Documento: uma abordagem interdisciplinar*. UNIRIO, Rio de Janeiro, 1997.

HALBWACHS, M. *La topographie légéndaire des Evangilles en Terre Sainte*. Paris, PUF, 1941.

JOHNSON, S. *The history of the Iorubas*. Edited by Dr. O. Johnson, Lagos, Nigéria, 1989.

REFERÊNCIAS BIBLIOGRÁFICAS

KAYODE, M. e **OLUYEMY**, M. *Cânticos dos Orixás em Yorubá*. Prince Produções Ltda., Rio de Janeiro, 1990.

KI-ZERBO, J. *História da África Negra*, vol. I. Publicações Europa-América, Viseu, Portugal, 1972.

LACERDA, M. B. *Drama e Fetiche: Vodum, Bumba Meu Boi e Samba no Benin*. Rio de Janeiro, FUNARTE / Centro Nacional de Folclore e Cultura Popular, 1998.

LÉVI-STRAUSS. Totemismo Hoje. In: *Coleção Os Pensadores*, Abril Cultural, São Paulo, 1976.

LÉVI-STRAUSS. Une Petite énigme mythico-littéraire. In: *Le temps de la reflection*. 1980, I, pp. 133-141, Plon, Paris, 1980.

LODY, R. e **SÁ**, L. *O Atabaque no Candomblé Baiano*. Rio de Janeiro, FUNARTE / Instituto Nacional do Folclore / Instituto Nacional de Música, 1989.

LODY, R. *Tem Dendê, Tem Axé: Etnografia do dendezeiro*. Ed. Pallas, Rio de Janeiro, 1992.

MAESTRI, M. *História da África Negra Pré-Colonial*. Mercado Aberto, Porto Alegre, 1988.

MAUPOIL, B. "La Geomancie à l'ancienne Côte des Esclaves". Paris, Travaux et Mémoires de l'Institut d'Ethnologie, XLII, 1943.

MAUSS, M. A Prece. In: *Antropologia*. Organizador: **OLIVEIRA**, R. C. de. Ática, São Paulo, 1978.

MERIAN, A. P. *Songs of the Afro-Brazilian Ketu-Cult: na ethnomusicological analisis*. Tese de Doutorado não publicada. Northwestern University, 1951.

MORTON, W. *The Oyo Yoruba and the Atlantic Slave Trade – 1670-1830*. Londres, 1961.

MOURA, C. *Rebeliões da Senzala*. São Paulo, Edições Zumbi, 1959.

NORA, P. La loi de la mémorie. In: *Le débat*, núm. 78, Jan-Fev., Paris, 1994.

NUNES PEREIRA. *A Casa das Minas – Culto dos Voduns Jêje no Maranhão*. Ed. Vozes, Petrópolis, 1979.

OLIVEIRA, A. B. *Cantando para os Orixás*. Pallas, Rio de Janeiro, 1993.

PEREIRA DA COSTA, J. *Folclore Pernanbucano*. Recife, RIHGB, 1908.

REFERÊNCIAS BIBLIOGRÁFICAS

PESSOA DE BARROS, J. F. e **LEÃO TEIXEIRA**, M. L. O Código do Corpo: indiscrições e marca dos orixás. In: *Cativeiro e Liberdade*, UERJ, Rio de Janeiro, 1989.

PESSOA DE BARROS, J. F. *O Segredo das Folhas: Sistema de classificação de vegetais nos Candomblés Jêje-Nagô do Brasil*. Rio de Janeiro, Pallas/UERJ, 1993(a).

PESSOA DE BARROS, J. F. O Confronto e o Encontro. In: *Advir – Publicações da Associação de Docentes da Universidade do Estado do Rio de Janeiro*. RJ, ASDUERJ, Ano II, nº 1, 1993(b).

PESSOA DE BARROS, J. F. O Verde no Candomblé. In: *Dunia Ossaim: Os Afro-Americanos e o Meio Ambiente*. SEAFRO, Rio de Janeiro, 1994.

PESSOA DE BARROS, J. F. Migrações Internas no Brasil – O Negro no Rio de Janeiro. In: *Actas da Universidade de Varsóvia – Tomo 17*. Universidade de Varsóvia, Polônia, 1995.

PESSOA DE BARROS, J. F.; **MELLO**, M. A.; **VOGEL**, A.; **SAMPAIO**, I. ORUNKÓ YAWÔ? Quel est ton nom nouvel initié?. In: *Nouvelle Revue d'Ethnopsychiatrie. Metamorphoses de l'Identité* (t. II, Initiations et Sectes). Paris, Grenoble, La Pensée Sauvage, 1997.

PESSOA DE BARROS, J. F. e **LEÃO TEIXEIRA**, M. L. Sasanhe: O cantar das Folhas e a construção do ser. In: *História, Natureza e Cultura*. Parque Metropolitona de Pirajá, Coleção Cadernos do Parque, Ed. do Parque, Salvador, 1998.

PESSOA DE BARROS, J. F.; **VOGEL**, A. e **MELLO**, M. A. S. Tradições Afro-Americanas: Vodu e Candomblé. In: *Memória, Representações e Relações Interculturais na América Latina*, NUSEG / INTERCON / UERJ, Rio de Janeiro, 1998.

PESSOA DE BARROS, J. F.; **VOGEL**, A. e **MELLO**, M. A. S. *A galinha d'Angola: iniciação e identidade na cultura afro-brasileira*. Pallas, Rio de Janeiro, 1998.

PESSOA DE BARROS, J. F. *A Fogueira de Xangô... O Orixá do Fogo. Uma introdução à música sacra afro-brasileira*. UERJ/INTERCON, Rio de Janeiro, 1999(a).

PESSOA DE BARROS, J. F. *Ewé Òrìsà: uso litúrgico e terapêutico dos vegetais nas casas de candomblé jêje-nagô*. Bertrand Brasil, Rio de Janeiro, 1999(b).

PESSOA DE BARROS, J. F. *O Banquete do Rei... Olubajé. Uma introdução à música sacra afro-brasileira*. 2ª Edição, Editora Ao Livro Técnico, Rio de Janeiro, 2000(a).

REFERÊNCIAS BIBLIOGRÁFICAS

PESSOA DE BARROS, J. F. O Código do Corpo: Inscrições e Marcas dos Orixás. In: *Candomblé – Religião do Corpo e da Alma*. Pallas, Rio de Janeiro, 2000(b).

POLLAK, M. Memória, Esquecimento, Silêncio. In: *Estudos Históricos*, vol. 2, nº 3. Rio de Janeiro, 1989.

POLLAK, M. Memória e Identidade Social. In: *Estudos Históricos*, vol. 5, nº 10. Rio de Janeiro, 1992.

PRANDI, R. Conceitos de vida e morte no ritual do Axexê: tradição e tendências recentes nos ritos funerários no candomblé. In: *Faraimará, o caçador traz alegria: Mãe Stella, 60 anos de iniciação*. Pallas, Rio de Janeiro, 2000.

RISÉRIO, A. De Oriquis. In: *Revista Afro-Ásia* nº 15. Centro de Estudos Afro-Orientais da Universidade Federal da Bahia, em co-edição com a Edições Ianamá, Salvador, 1992.

ROLLAND, O. *A experiência africana da pré-história aos dias atuais*. Jorge Zahar Ed., Rio de Janeiro, 1994.

RYDER, A. F. C. *Do rio Volta aos Camarões*. Ática, São Paulo, 1988.

SALAMI, S. *A Mitologia dos Orixás Africanos*. Ed. Oduduwa, São Paulo, 1990.

SANTOS, J. E. *Os Nagô e a morte*. Ed. Vozes, Petrópolis – RJ, 1976.

SILVA, A. da C. e. *A enxada e a lança: a África antes dos Portugueses* – Rio de Janeiro: Nova Fronteira; São Paulo: EDUSP, 1992.

SILVA, V. da. *Os orixás da metrópole*. EDUSP, São Paulo, 1995.

SODRÉ, M. *O terreiro e a cidade. A forma social negro-brasileira*. Vozes, Petrópolis, RJ, 1988.

TURNER, V. Syntaxe du Simbolisme d'une religion africaine. In: *Le Comportement Rituel chez l'homme et l'animal*. Ed. Gallimard, Paris, 1971.

VERGER, P. "The Yorubá High Gods" In: ODU, v. 2, 2:19-40, 1966.

VERGER, P., **CARYBÉ**. *Lendas africanas dos orixás*. 2ª edição, São Paulo, 1987.

VERGER, P. *Orixás – Deuses Iorubás na África e no Novo Mundo*. Corrupio, Salvador, Bahia, 1997.

REFERÊNCIAS BIBLIOGRÁFICAS

VERGER, P. *Notas sobre o culto aos orixás e voduns*. EDUSP, São Paulo, 1999.

WELCH, D. B. Um melótipo Iorubá / Nagô para os cantos religiosos da diáspora negra. In: *Ensaio e Pesquisa*, nº4, Salvador, Centro de Estudos Afro-Orientais, 1980.

WISNICK, J. M. *O Som e o sentido. Uma outra história das músicas*. Companhia das Letras, São Paulo, 1999.

YEMONJÁ, Mãe Beata de. *Caroço de Dendê. A sabedoria dos terreiros*. Pallas, Rio de Janeiro, 1997.

NOTAS

1. ***Iorubá*** – Os cânticos que compõem este livro são escritos e cantados em língua *iorubá*. Quando entoados sob a forma de prece, são denominados de *adura*. Sua tradução para o português objetivou a compreensão dos textos poéticos.
Na pronúncia das palavras escritas em iorubá, a acentuação é muito importante, pois trata-se de uma língua tonal. O acento agudo é pronunciado em tom alto; o grave em tom baixo; a ausência de acentuação a um tom médio; o til, anuncia vogal repetida. O ponto colocado sobre uma vogal torna o seu som aberto, e sob um "s" equivale ao "x" ou "ch" em português. A letra "j" pronuncia-se como "dj" e o "p" como "kp".

NOTAS

2. **Jêje-Nagô** – *Nagôs*, como eram chamados os povos de língua *iorubá*, e *Jêjes*, as duas etnias vizinhas a eles: *Fom*, localizadas ao sul do *Benim*, e *Ewê*, que se estende desta região até Gana. As associações e trocas entre estas etnias do oeste africano denominam-se, no Brasil, complexo cultural *jêje-nagô*, cuja maior expressividade encontra-se no campo artístico-religioso. Vivaldo Costa Lima (1984 : 17) informa que os habitantes *iorubás* do *Benim*, ali estabelecidos desde o princípio do século XVIII, chamam de *ajeji* ou *jêji* aos invasores *Fom*, vindos do leste.

3. **Orixás** – Divindades ***iorubá*** cultuadas nos candomblés, **Xangôs**, batuques, umbandas, isto é, nas religiões de matriz africana no Brasil. Seu equivalente *Fom* é *Vodum*, em Angola é *Inquice*. São antigos reis ou heróis divinizados e considerados como representações das forças da Natureza. São também chamados de "santos".

4. **Diáspora** – Palavra de origem grega significando dispersão, que estaria relacionada a intolerância política, religiosa ou em virtude de perseguição de grupos dominadores. Os exemplos mais marcantes seriam os relacionados aos judeus e à escravidão africana.

5. ***Assentamentos*** – Objetos ou elementos da Natureza (pedra, árvore etc.), cuja substância e configuração abrigam a força dinâmica de uma divindade. Consagrados, são depositados em recintos apropriados. A centralidade do conjunto é dada por um *otá* (pedra) ou pelas ferramentas, isto é, objetos simbólicos, dos *orixás*, colocados em recipientes próprios (louça, barro ou madeira).

6. ***Nação*** – O termo "nação", no Brasil, está relacionado aos grupos que cultuam divindades provenientes da mesma etnia africana, ou do mesmo subgrupo étnico.
São exemplos do primeiro caso as "nações" Congo, Angola, *Jêje*; ao passo que o segundo caso é ilustrado por *Ketu*, *Ijexá* e *Oió*, correspondentes aos subgrupos da etnia *Nagô*. Trata-se, na verdade, de categorias abrangentes às quais se reduziram as múltiplas etnias que o tráfico negreiro fez representadas no País. O termo tem servido para circunscrever os traços diacríticos pelos quais se revela um mundo caracterizado por um notável conjunto de elementos comuns. Tem servido, além disso, para hierarquizar esse universo em termos da maior ou menor "pureza" atribuída a cada "nação", em virtude de uma suposta fidelidade e autenticidade litúrgica.

7. ***Ancestral*** – Diversas línguas de origem africana, mantidas na diáspora negra, geralmente foram preservadas nas comunidades-terreiro, ou ainda nos remanescentes de quilombos espalhados por todo o Brasil.

NOTAS

8. **Rebelião Social** – Muitos autores, entre eles Edson Carneiro (1948), Gomes (1998) e Braga (1995), falam das casas-de-candomblé como local de revolta e sublevação contra a escravidão, e lugar de asilo para os perseguidos políticos. O texto "Tradições Afro-Americanas: Vodu e Candomblé" (Pessoa de Barros, J.F.; Vogel, A.; Mello, M.A.S.; 1998 : 145) relaciona a religiosidade do Haiti como fator importante da luta social contra a escravidão negra.

9. Espaço verde onde são cultivados os vegetais sagrados, que podem ser: árvores e arbustos, utilizados como local de culto especial, ou ainda as ervas sagradas, utilizadas tanto na medicina fitoterápica do grupo como nas diversas cerimônias religiosas que ocorrem no calendário litúrgico das casas-de-santo (Pessoa de Barros, 1999(b)).

10. A revista Isto É nº 1.471 – 10/12/97, em uma reportagem sobre a Baixada Fluminense, intitulada "Um Rio de Atabaques", afirma que no Rio de Janeiro existem mais Terreiros de Candomblé que na Bahia, indicando cerca de três mil e oitocentos como sendo o número de casas-de-santo da região.

11. **Camarinha** – Termo pelo qual se designa o aposento destinado à reclusão dos neófitos durante o processo de iniciação. É conhecido também como *aliaxé* ou *ariaxé*, *roncó* ou ainda *axé*.

12. **Axé** – Conceito fundamental da visão de mundo *jêje-nagô* definido por Maupoil (1943 : 334) como "A força invisível, a força mágico-sagrada de toda divindade, de todo ser animado, de todas as coisas". Verger (1966 : 36) o define como "A força vital, energia, a grande força de todas as coisas". *Axé* pode designar também o local sacralizado pelas substâncias divinas, estas podem ser de origem vegetal, animal e mineral; também pode estar contido no corpo humano que passe pela iniciação, podendo ser transmitido dos mais velhos para os mais novos pela imposição das mãos, pela mastigação ritual e pelas palavras proferidas. É um conceito relativo e que depende de renovação permanente, podendo ser produzido, multiplicado, podendo ainda desaparecer considerando-se as ações humanas. Além disso, refere-se tanto ao local sagrado da fundação do Terreiro, quanto a determinadas partes dos animais sacrificiais, bem como ainda ao lugar de recolhimento dos neófitos. É usado também para designar na sua totalidade a casa-de-santo e sua linhagem.

13. **Poste Central** – Coluna que apóia a cumeeira no centro do barracão, nas casas-de-candomblé originadas da Casa-Branca. É considerado como o *axis mundi*, onde se encontram os elementos religiosos relativos à fundação de cada uma das comunidades, também é denominado *axé*.

NOTAS

14. No rito *nagô*, a palavra *xirê* designa a ordem em que são entoadas, nas festas, as cantigas para os *orixás*, mas também a própria festividade, o ludismo. Os ritmos que chegam à sociedade global são, no fundo, expansões da atmosfera do *xirê*. Expansões metonímicas, pode-se dizer, enquanto o corpo do iniciado é uma metáfora da divindade. Sodré (1988 : 128).

15. **Adjarim** – Sineta de metal, composta de uma ou mais campânulas, utilizada pelos sacerdotes para invocar os *orixás*. Seu som é considerado como possuidor de grande força (*axé*). O mesmo que *adjá*.

16. Geralmente são utilizadas folhas que cobrem o chão do barracão durante os festivais públicos. Nas casas *Ketu*, a folha escolhida é o *alekessi*, nome litúrgico do popular São Gonçalinho, conhecido cientificamente como Casaina Silvestre – SW *Flacourtiaceae*. Planta dedicada à *Oxóssi*.

17. Eventualmente podem realizar-se festas de aniversário dos pertencentes à comunidade, e ainda servirem como sala de aula de cursos de formação profissional e como local de reunião para discussões do calendário litúrgico.

18. Várias histórias, ouvidas nos terreiros do Rio de Janeiro e da Bahia, estão incluídas neste livro. Falam dos deuses e dos homens, constituindo-se em uma literatura oral ainda

pouco conhecida. O livro de Mãe Beata de *Yemonjá* (1997), lançado recentemente, contém muitas dessas histórias que povoam o imaginário das casas-de-santo.

19. A oralidade constitui-se num dos aspectos de transmissão do saber. mais considerado nas comunidades-terreiro, está ligado à tradição. É comum, entretanto que os adeptos possuam cadernos nos quais anotam suas observações, cânticos e preces. Alguns desses cadernos, dependendo da notoriedade do seu autor, alcançam preço considerável. Vagner da Silva, em seu livro "Os Orixás da Metrópole" (1995 : 247), descreve a procura desses textos e o lugar que ocupa a produção acadêmica nas comunidades-terreiro de São Paulo. A Internet tem-se constituído, também, como um fator importante na procura de dados sobre os *orixás*, porém, este tipo de conhecimento é considerado destituído de força e renegado pelas Casas consideradas como tradicionais.

20. O discurso dos homens, por meio dos textos tradicionais, funcionam também como formas de imposição de seus desejos, paralisando, inclusive, a ação divina. Cassirer (1992 : 66), falando da antiga religião persa, mostra a importância da palavra e a intenção dos textos, como um pacto entre homens e deuses, no qual os primeiros estariam eticamente comprometidos com os propósitos originais, instituídos pela divindade.

NOTAS

21. Durante a iniciação, são conferidos nomes litúrgicos aos novos iniciados. Além de conferir uma nova identidade, pois pertencem ao indivíduo, são alusivos aos *orixás* ou ancestrais atribuídos a cada um. Eles estabelecem uma ligação permanente a uma determinada casa ou *axé*. Sobre o assunto ver Aquino, P. e Pessoa de Barros, J. F. (1997).

22. A antropologia tem dado uma contribuição especial a questões ligadas à mesa e aos hábitos alimentares, de uma maneira geral. Ver Mary Douglas (1979), Lévi-Strauss (1976), entre outros.

23. *Ifá* – Deus dos oráculos e da adivinhação. Senhor do destino. Há quem afirme ser sua representação a cabaça envolvida por uma trama de fios de búzios. Sua cor é o branco. O sacerdote dedicado ao culto de *Ifá* é chamado de *Babalaô*, o pai do segredo.

Este livro foi impresso em junho de 2010,
no Armazém das Letras Gráfica e Editora, no Rio de Janeiro.
O papel do miolo é o offset 75g/m2 e o da capa é o cartão 250g/m2.